中华人民共和国交通运输部

公路工程标准施工
招标文件

（2018年版·第三册）

第八章　工程量清单计量规则

交通运输部公告2017年第51号

自2018年3月1日起施行

人民交通出版社股份有限公司
China Communications Press Co.,Ltd.

律 师 声 明

图书在版编目（CIP）数据

　　公路工程标准施工招标文件：2018 年版. 第三册 /
中华人民共和国交通运输部组织编写. — 北京：人民交
通出版社股份有限公司，2018.1

　　ISBN 978-7-114-14495-0

　　Ⅰ．①公… Ⅱ．①中… Ⅲ．①道路施工—招标—文件
—中国 Ⅳ．①U415.13

　　中国版本图书馆 CIP 数据核字(2018)第 013047 号

Gonglu Gongcheng Biaozhun Shigong Zhaobiao Wenjian

书　　　名：	公路工程标准施工招标文件(2018 年版·第三册)
著　作　者：	中华人民共和国交通运输部
责　任　编　辑：	吴有铭　刘永超　黎小东
出　版　发　行：	人民交通出版社股份有限公司
地　　　址：	(100011)北京市朝阳区安定门外外馆斜街 3 号
网　　　址：	http://www.ccpcl.com.cn
销　售　电　话：	(010)85285857
总　经　销：	人民交通出版社股份有限公司发行部
经　　　销：	各地新华书店
印　　　刷：	北京市密东印刷有限公司
开　　　本：	880×1230　1/16
印　　　张：	7
字　　　数：	140 千
版　　　次：	2018 年 1 月　第 1 版
印　　　次：	2025 年 4 月　第 11 次印刷
书　　　号：	ISBN 978-7-114-14495-0
定　　　价：	50.00 元

(有印刷、装订质量问题的图书，由本公司负责调换)

中华人民共和国交通运输部

公　　告

第 51 号

交通运输部关于发布公路工程标准施工招标文件及公路工程标准施工招标资格预审文件 2018 年版的公告

　　为加强公路工程施工招标管理,规范招标文件及资格预审文件编制工作,依照《中华人民共和国招标投标法》《中华人民共和国招标投标法实施条例》等法律法规,按照《公路工程建设项目招标投标管理办法》(交通运输部令 2015 年第 24 号),在国家发展改革委牵头编制的《标准施工招标文件》及《标准施工招标资格预审文件》(以下简称《标准文件》)基础上,结合公路工程施工招标特点和管理需要,交通运输部组织制定了《公路工程标准施工招标文件》(2018 年版)及《公路工程标准施工招标资格预审文件》(2018 年版)(以下简称《公路工程标准文件》),现予发布。

　　《公路工程标准文件》(2018 年版)自 2018 年 3 月 1 日起施行,原《公路工程标准文件》(交公路发〔2009〕221 号)同时废止,之前根据《公路工程标准文件》(2009 年版)完成招标工作的项目仍按原合同执行。

　　自施行之日起,依法必须进行招标的公路工程应当使用《公路工程标准文件》(2018 年版),其他公路项目可参照执行。在具体项目招标过程中,招标人可根据项目实际情况,编制项目专用文件,与《公路工程标准文件》(2018 年版)共同使用,但不得违反国家有关规定。

1

《公路工程标准文件》(2018 年版)中"申请人须知""资格审查办法""投标人须知""评标办法"和"通用合同条款"等部分,与《标准文件》内容相同的只保留条目号,具体内容见《标准文件》。《公路工程标准文件》电子文本可在交通运输部网站(www. mot. gov. cn)"下载中心"下载。

　　请各省级交通运输主管部门加强对《公路工程标准文件》(2018 年版)贯彻落实情况的监督检查,注意收集有关意见和建议,及时反馈。

中华人民共和国交通运输部

2017 年 11 月 30 日

《公路工程标准施工招标文件》
（2018 年版）

审定委员会

主 任 委 员：吴德金

副主任委员：杨　洁　王　太　张建军　裴岷山

委　　　员：赵成峰　顾志峰　石国虎　张竹彬　高会晋　王海臣　高新文

编 写 人 员

主　　　编：石国虎　王　太　张建军　赵成峰　高会晋

编 写 人 员：王海臣　徐致远　王恒斌　艾四芽　李培源　刘建涛　彭耀军

李　悦　张　磊　马召辉　程　刚　高德风　程　磊　袁　静

王　林　张雄胜　阮明华　贺晓东　陈文光　刘　涛　朱友梁

范炳杰　梁营林　王应槐

使 用 说 明

一、为加强公路工程施工招标管理，规范招标文件编制工作，交通运输部公路局会同国家发展改革委法规司，组织华杰工程咨询有限公司和国内专家对《公路工程标准施工招标文件》(2009年版)进行修订并经审定形成了《公路工程标准施工招标文件》(2018年版)(以下简称《公路工程标准招标文件》)。

二、《公路工程标准招标文件》以国家九部委《标准施工招标文件》(以下简称《标准招标文件》)为基础，以《中华人民共和国招标投标法》、《中华人民共和国招标投标法实施条例》、《公路工程建设项目招标投标管理办法》(交通运输部令2015年第24号)等法律法规和部门规章为依据，结合公路工程施工招标特点和管理需要编制而成。《标准招标文件》规定通用部分，《公路工程标准招标文件》规定公路工程内容，两者结合使用，其中《公路工程标准招标文件》不加修改地引用《标准招标文件》"投标人须知"正文、"评标办法"正文部分的文字用宋体表示，补充的公路工程行业内容部分的文字用隶书表示，两种字体具有同等效力。

三、《公路工程标准招标文件》适用于依法必须进行招标的各等级公路和桥梁、隧道建设项目，其他公路项目可参照执行。

四、招标人根据《公路工程标准招标文件》编制项目招标文件时，不得修改"投标人须知"正文和"评标办法"正文，但可在前附表中对"投标人须知"和"评标办法"进行补充、细化，补充和细化的内容不得与"投标人须知"和"评标办法"正文内容相抵触。

五、招标人在根据《公路工程标准招标文件》编制项目招标文件中的"项目专用合同条款"时，可根据招标项目的具体特点和实际需要，对"通用合同条款"及"公路工程专用合同条款"进行补充、细化，除"通用合同

1

条款"明确"专用合同条款"可作出不同约定以及"公路工程专用合同条款"明确"项目专用合同条款"可作出不同约定外，补充和细化的内容不得与"通用合同条款"及"公路工程专用合同条款"强制性规定相抵触。同时，补充、细化或约定的不同内容，不得违反法律、行政法规的强制性规定和平等、自愿、公平和诚实信用原则。

六、《公路工程标准招标文件》用相同序号标示的章、节、条、款、项、目，供招标人选择使用；以空格标示的部分，招标人应根据招标项目具体特点和实际需要进行填写，确实没有需要填写的，在空格中用"/"标示。

七、招标人按照《公路工程标准招标文件》第一章的格式发布招标公告或发出投标邀请书后，将实际发布的招标公告或实际发出的投标邀请书编入出售的招标文件中，作为招标文件的组成部分。其中，招标公告应同时注明发布的所有媒介名称。

八、《公路工程标准招标文件》第三章"评标办法"分别规定合理低价法、技术评分最低标价法、综合评分法和经评审的最低投标价法四种评标方法。公路工程施工招标评标，一般采用合理低价法或技术评分最低标价法。技术特别复杂的特大桥梁和特长隧道项目主体工程，可以采用综合评分法。工程规模较小、技术含量较低的工程，可以采用经评审的最低投标价法。

第三章"评标办法"前附表应列明全部评审因素和评审标准，并在本章（前附表及正文）标明投标人不满足要求即导致否决投标的全部条款。

招标人选择适用技术评分最低标价法、综合评分法的，在满足第三章"评标办法"相关注释的前提下，各评审因素的评审标准和分值等由招标人根据项目特点和需要合理确定。

九、第五章"工程量清单"由招标人根据《公路工程标准招标文件》、招标项目具体特点和实际需要编制，并与"投标人须知""通用合同条款""专用合同条款""技术规范""工程量清单计量规则""图纸"相衔接。第五章所附表格可根据有关规定作相应的调整和补充。

十、第六章"图纸"由招标人根据《公路工程标准招标文件》、招标项目具体特点和实际需要编制，并与"投标人须知""通用合同条款""专用合同条款""技术规范"相衔接。

十一、第七章"技术规范"、第八章"工程量清单计量规则"由招标人根据《公路工程标准招标文件》、招标项目具体特点和实际需要编制。"技术规范"中的各项技术标准应符合国家强制性标准，不得要求或标明某一特定的专利、商标、名称、设计、原产地或生产供应者，不得含有倾向或排斥潜在投标人的其他内容。如果必须引用某一生产供应者的技术标准才能准确或清楚地说明拟招标项目的技术标准时，则应在参照后面加上"或相当于"字样。

十二、采用电子招标投标的，招标人应按照国家有关规定，结合项目具体情况和交易平台操作特点，在招标文件中载明相应要求。其中，招标文件的获取、澄清、修改、异议，投标文件的编制、加密、递交、修改与撤回，开标、评标、评标结果异议、中标通知等条款，可参考附录"采用电子招标投标条款示例"对《公路工程标准招标文件》的相应条款进行调整。

十三、各使用单位或个人对《公路工程标准招标文件》的修改意见和建议，请及时反馈交通运输部。

总 目 录

目 录

一、说　　明

1. 一般要求

（1）本计量规则各章节是按第七章"技术规范"的相应章节编号的,因此,各章节工程子目的工程量计量规则应与"技术规范"相应章节的施工规范结合起来理解、解释和应用。

（2）本规则所有工程项目,除个别注明者外,均采用我国法定的计量单位,即国际单位及国际单位制导出的辅助单位进行计量。

（3）本规则的计量与支付,应与合同条款、工程量清单以及图纸同时阅读,工程量清单中的支付项目号和本规则的章节编号是一致的。

（4）任何工程项目的计量,均应按本规则规定或监理人书面指示进行。

（5）按合同提供的材料数量和完成的工程数量所采用的测量与计算方法,应符合本规则规定。所有这些方法,应经监理人批准或指示。承包人应提供一切计量设备和条件,并保证其设备精度符合要求。

（6）除非监理人另有准许,一切计量工作都应在监理人在场的情况下,由承包人测量、记录。有承包人签名的计量记录原本,应提交给监理人审查和保存。

（7）工程量应由承包人计算,由监理人审核。工程量计算的副本应提交给监理人并由监理人保存。

（8）除合同特殊约定单独计量之外,全部必需的模板、脚手架、装备、机具、螺栓、垫圈和钢制件等其他材料,应包括在工程量清单中所列的有关支付项目中,均不单独计量。

（9）除监理人另有批准外,凡超过图纸所示的面积或体积,都不予计量与支付。

（10）承包人应严格标准计量基础工作和材料采购检验工作。沥青混凝土、沥青碎石、水泥混凝土、高强度等级水泥砂浆的施工现场必须使用电子计量设备称重。因不符合计量规定引发质量问题,所发生的费用由承包人承担。

（11）第104节"承包人驻地建设"与第105节"施工标准化"属选择性工程子目,由发包人根据工程项目管理实际情况选择使用或同时使用。

2. 质量

（1）凡以质量计量或以质量作为配合比设计的材料,都应在精确与批准的磅秤上,由称职合格的人员在监理人指定或批准的地点进行称重。

（2）称重计量时应满足以下条件:监理人在场;称重记录;载明包装材料、支撑装置、垫块、捆束物等质量的说明书在称重前提交给监理人作为依据。

（3）钢筋、钢板或型钢计量时,应按图纸或其他资料标示的尺寸和净长计算。搭接、接头套筒、焊接材料、下脚料和固定、定位架立钢筋等,则不予另行计量。钢筋、钢板或型钢应以千克计量,四舍五入,不计小数。钢筋、钢板或型钢由于理论单位质量与实际单位质量的差异而引起材料质量与数量不相匹配的情况,计量时不予考虑。

（4）金属材料的质量不得包括施工需要加放或使用的灰浆、楔块、填缝料、垫衬物、油料、接缝料、焊条、涂敷料等质量。

（5）承运按质量计量的材料的货车,应每天在监理人指定的时间和地点称出空车质量,每辆货车还应标示清晰易辨的标记。

（6）对有规定标准的项目,例如钢筋、金属线、钢板、型钢、管材等,均有规定的规格、质量、截面尺寸等指标,这类指标应视为通常的质量或尺寸;除非引用规范中的允许偏差值加以控制,否则可用制造商的允许偏差。

3. 面积

除非另有规定,计算面积时,其长、宽应按图纸所示尺寸线或按监理人指示计量。对于面积在 $1m^2$ 以下的固定物(如检查井等)不予扣除。

4. 结构物

(1)结构物应按图纸所示净尺寸线,或根据监理人指示修改的尺寸线计量。

(2)水泥混凝土的计量应按监理人认可的并已完工工程的净尺寸计算,钢筋的体积不扣除,倒角不超过 $0.15m \times 0.15m$ 时不扣除,体积不超过 $0.03m^3$ 的开孔及开口不扣除,面积不超过 $0.15m \times 0.15m$ 的填角部分也不增加。

(3)所有以米计量的结构物(如管涵等),除非图纸另有表示,应按平行于该结构物位置的基面或基础的中心方向计量。

5. 土方

(1)土方体积可采用平均断面积法计算,但与似棱体公式(prismoidal formula)计算结果比较,如果误差超过 ±5% 时,监理人可指示采用似棱体公式。

(2)各种不同类别的挖方与填方计量,应以图纸所示界线为限,而且应在批准的横断面图上标明。

(3)用于填方的土方量,应按压实后的纵断面高程和路床面为准来计量。承包人报价时,应考虑在挖方或运输过程中引起的体积差。

(4)在现场钉桩后 56d 内,承包人应将设计和进场复测的土方横断面图连同土方的面积与体积计算表一并提交监理人批准。所有横断面图都应标有图题框,其大小由监理人指定。一旦横断面图得到最后批准,承包人应交给监理人原版图及三份复制图。

6. 运输车辆体积

(1)用体积计量的材料,应以经监理人批准的车辆装运,并在运到地点进行计量。

(2)用于体积运输的车辆,其车厢的形状和尺寸应使其容量能够容易而准确地测定并应保证精确度。每辆车都应有明显标记。每车所运材料的体积应于事前由监理人与承包人相互达成书面协议。

(3)所有车辆都应装载成水平容积高度,车辆到达送货点时,监理人可以要求将其装载物重新整平,对超过定量运送的材料将不支付。运量达不到定量的车辆,应被拒绝或按监理人确定减少的体积接收。根据监理人的指示,承包人应在货物交付点,随机将一车材料刮平,在刮平后如发现货车运送的材料少于定量时,从前一车起所有运到材料的计量都按同样比率减为目前的车载量。

7. 质量与体积换算

(1)如承包人提出要求并得到监理人的书面批准,已规定要用立方米计量的材料可以称重,并将此质量换算为立方米计量。

（2）将质量计量换算为体积计量的换算系数应由监理人确定，并应在此种计量方法使用之前征得承包人的同意。

8. 沥青和水泥

（1）沥青和水泥应以千克为单位计量。

（2）如用货车或其他运输工具装运沥青材料，可以按经过检定的质量或体积计算沥青材料的数量，但要对漏失量或泡沫进行校正。

（3）水泥可以以袋作为计量的依据，但一袋的标准应为50kg。散装水泥应称重计量。

9. 成套的结构单元

如规定的计量单位是一成套的结构物或结构单元（实际上就是按"总额"或称"一次支付"计的工程子目），该单元应包括了所有必需的设备、配件和附属物及相关作业。

10. 标准制品项目

（1）如规定采用标准制品（如护栏、钢丝、钢板、轧制型材、管子等），而这类项目又是以标准规格（单位质量、截面尺寸等）标识的，则这种标识可以作为计量的标准。

（2）除非所采用标准制品的允许误差比规范的允许误差要求更严格，否则，生产厂确立的制造允许误差不予认可。

二、计量规则

第 100 章　总　　则

第 101 节　通则

本节工程量清单项目分项计量规则应按表 101 的规定执行。

表 101　通　　则

子目号	子目名称	单位	工程量计量	工程内容
101	通则			
101-1	保险费			
-a	按合同条款规定,提供建筑工程一切险	总额	1. 承包人按照合同条款约定的保险费率及保费计算方法办理建筑工程一切险,根据保险公司的保单金额以总额为单位计量; 2. 保险期为合同约定的施工期及缺陷责任期; 3. 承包人施工机械设备保险和雇用人员工伤事故保险费、人身意外伤害保险费由承包人承担	根据合同条款办理建筑工程一切险
-b	按合同条款规定,提供第三者责任险	总额	1. 承包人按照合同条款约定的保险费率及保费计算方法办理第三者责任险,根据保险公司的保单金额以总额为单位计量; 2. 保险期为合同约定的施工期及缺陷责任期	根据合同条款办理第三者责任险

第 102 节　工程管理

本节工程量清单项目分项计量规则应按表 102 的规定执行。

表 102　工　程　管　理

子目号	子目名称	单位	工程量计量	工程内容
102	工程管理			
102-1	竣工文件	总额	以总额为单位计量	按《公路工程竣(交)工验收办法》《公路工程竣(交)工验收办法实施细则》及合同条款规定进行编制
102-2	施工环保费	总额	以总额为单位计量	按招标文件技术规范第 102.11 小节及合同条款规定落实环境保护

子目号	子目名称	单位	工程量计量	工程内容
102-3	安全生产费	总额	按投标价的1.5%(若招标人公布了最高投标限价时,按最高投标限价的1.5%)以总额为单位计量	按招标文件技术规范第102.13小节及合同条款规定落实安全生产
102-4	信息化系统(暂估价)	总额	以暂估价的形式按总额计量	1.工程信息化系统的配置、维护、备份管理及网络构筑; 2.系统操作人员培训、劳务

第103节　临时工程与设施

本节工程量清单项目分项计量规则应按表103的规定执行。

表103　临时工程与设施

子目号	子目名称	单位	工程量计量	工程内容
103	临时工程与设施			
103-1	临时道路修建、养护与拆除(包括原道路的养护)	总额	以总额为单位计量	按招标文件技术规范第103.03小节及合同条款规定完成临时道路的修建、养护与拆除
103-2	临时占地	总额	1.以总额为单位计量; 2.取、弃土(渣)场的绿化、结构防护及排水在相应章节计量	1.按招标文件技术规范第103.04小节及合同条款规定办理及使用临时占地,并进行复垦; 2.临时占地范围包括承包人驻地的办公室、食堂、宿舍、道路和机械设备停放场、材料堆放场地、弃土(渣)场、预制场、拌和场、仓库、进场临时道路、临时便道、便桥等
103-3	临时供电设施架设、维护与拆除	总额	以总额为单位计量	按招标文件技术规范第103.02小节及合同条款规定完成临时供电设施架设、维护与拆除
103-4	电信设施的提供、维修与拆除	总额	以总额为单位计量	按招标文件技术规范第103.02小节及合同条款规定完成电信设施的提供、维修与拆除
103-5	临时供水与排污设施	总额	以总额为单位计量	按招标文件技术规范第103.02小节及合同条款规定完成临时供水与排污设施的修建、维修与拆除

第104节　承包人驻地建设

本节工程量清单项目分项计量规则应按表104的规定执行。

表104　承包人驻地建设

子目号	子目名称	单位	工程量计量	工程内容
104	承包人驻地建设			
104-1	承包人驻地建设	总额	以总额为单位计量	1. 承包人驻地建设包括：施工与管理所需的办公室、住房、工地试验室、车间、工作场地、预制场地、仓库与储料场、拌和场、医疗卫生与消防设施等； 2. 驻地的建设、管理与维护； 3. 工程交工时，按照合同或协议要求将驻地移走、清除、恢复原貌

第105节　施工标准化

本节工程量清单项目分项计量规则应按表105的规定执行。

表105　施工标准化

子目号	子目名称	单位	工程量计量	工程内容
105	施工标准化			
105-1	施工驻地	总额	以总额为单位计量	按招标文件技术规范第105节施工标准化的内容和要求执行
105-2	工地试验室	总额	以总额为单位计量	按招标文件技术规范第105节施工标准化的内容和要求执行
105-3	拌和站	总额	以总额为单位计量	按招标文件技术规范第105节施工标准化的内容和要求执行
105-4	钢筋加工场	总额	以总额为单位计量	按招标文件技术规范第105节施工标准化的内容和要求执行
105-5	预制场	总额	以总额为单位计量	按招标文件技术规范第105节施工标准化的内容和要求执行
105-6	仓储存放地	总额	以总额为单位计量	按招标文件技术规范第105节施工标准化的内容和要求执行
105-7	各场（厂）区、作业区连接道路及施工主便道	总额	以总额为单位计量	按招标文件技术规范第105节施工标准化的内容和要求执行

第 200 章　路　　基

第 201 节　通则

本节包括材料标准、路基施工的一般要求。本节工作内容均不作计量,其所涉及的作业应包含在与其相关工程子目之中。

第 202 节　场地清理

本节工程量清单项目分项计量规则应按表 202 的规定执行。

表 202　场　地　清　理

子目号	子目名称	单位	工程量计量	工程内容
202	场地清理			
202-1	清理与掘除			
-a	清理现场	m²	依据图纸所示位置及范围(路基范围以外临时工程用地清场等除外),按路基开挖线或填筑边线之间的水平投影面积以平方米为单位计量	1. 灌木、竹林、胸径小于 10cm 树木的砍伐及挖根; 2. 清除场地表面 0～30cm 范围内的垃圾、废料、表土(腐殖土)、石头、草皮; 3. 与清理现场有关的一切挖方、坑穴的回填、整平、压实; 4. 适用材料的装卸、移运、堆放及非适用材料的移运处理; 5. 现场清理
-b	砍伐树木	棵	依据图纸所示路基范围内胸径 10cm 以上(含 10cm)的树木,按实际砍伐数量以棵为单位计量	1. 砍伐; 2. 截锯; 3. 装卸、移运至指定地点堆放; 4. 现场清理
-c	挖除树根	棵	依据图纸所示路基范围内胸径 10cm 以上(含 10cm)树木的树根,按实际挖除数量以棵为单位计量	1. 挖除树根; 2. 装卸、移运至指定地点堆放; 3. 现场清理
202-2	挖除旧路面	m³	依据图纸所示位置,挖除路基范围内原有的旧路面,按不同的路面结构类型以立方米为单位计量	1. 挖除; 2. 装卸、移运处理; 3. 场地清理、平整
202-3	拆除结构物			
-a	钢筋混凝土结构	m³	依据图纸所示位置,拆除路基范围内原有的钢筋混凝土结构以立方米为单位计量	1. 挖除; 2. 装卸、移运处理; 3. 场地清理、平整

子目号	子目名称	单位	工程量计量	工程内容
-b	混凝土结构	m³	依据图纸所示位置,拆除路基范围内原有的混凝土结构以立方米为单位计量	1. 挖除; 2. 装卸、移运处理; 3. 场地清理、平整
-c	砖、石及其他砌体结构	m³	依据图纸所示位置,拆除路基范围内原有的砖、石及其他砌体结构,以立方米为单位计量	1. 挖除; 2. 装卸、移运处理; 3. 场地清理、平整
-d	金属结构	kg	1. 依据图纸所示位置,拆除路基范围内原有的金属结构,以千克为单位计量; 2. 金属回收按合同有关规定办理	1. 切割、挖除; 2. 装卸、移运、堆放; 3. 场地清理、平整
202-4	植物移栽			
-a	移栽乔(灌)木	棵	依据图纸所示位置,起挖路基范围内原有的乔(灌)木并移栽,按成活的各类乔(灌)木数量,以棵为单位计量	1. 起挖; 2. 植物保护、装卸、运输; 3. 坑(穴)开挖; 4. 种植; 5. 支撑、养护; 6. 场地清理
-b	移栽草皮	m²	依据图纸所示位置,起挖路基范围内原有的草皮并移栽,按成活的草皮面积,以平方米为单位计量	1. 起挖; 2. 植物保护、装卸、运输; 3. 坑(穴)开挖; 4. 种植; 5. 养护; 6. 场地清理

第 203 节　挖方路基

本节工程量清单项目分项计量规则应按表 203 的规定执行。

表 203　挖 方 路 基

子目号	子目名称	单位	工程量计量	工程内容
203	挖方路基			
203-1	路基挖方			
-a	挖土方	m³	1. 依据图纸所示地面线、路基设计横断面图、路基土石比例,采用平均断面面积法计算,包括边沟、排水沟、截水沟的土方,按照天然密实体积以立方米为单位计量; 2. 路床顶面以下挖松深300mm再压实作为挖土方的附属工作,不另行计量; 3. 取弃土场的绿化、防护工程、排水设施在相应章节内计量	1. 挖、装、运输、卸车; 2. 填料分理、弃土整型、压实; 3. 施工排水处理; 4. 边坡整修、路床顶面以下挖松深300mm再压实、路床清理

续上表

子目号	子目名称	单位	工程量计量	工程内容
-b	挖石方	m³	1.依据图纸所示地面线、路基设计横断面图、路基土石比例，按平均断面积法计算，包括边沟、排水沟、截水沟的石方，按照天然体积以立方米为单位计量； 2.弃土场绿化、防护工程、排水设施在相应章节内计量	1.石方爆破； 2.挖、装、运输、卸车； 3.填料分理、弃土整型、压实； 4.施工排水处理； 5.边坡整修、路床顶面凿平或填平压实、路床清理
-c	挖除非适用材料（不含淤泥、岩盐、冻土）	m³	1.依据图纸所示位置，挖除路基范围内非适用材料（不含淤泥、岩盐、冻土）以立方米为单位计量； 2.弃土场绿化、防护工程、排水设施在相应章节内计量	1.施工排水处理； 2.挖除、装载、运输、卸车、堆放； 3.现场清理
-d	挖淤泥	m³	1.依据图纸所示位置，挖除路基范围内淤泥以立方米为单位计量； 2.弃土场绿化、防护工程、排水设施在相应章节内计量	1.施工排水处理； 2.挖除、装载、运输、卸车、堆放； 3.现场清理
-e	挖岩盐	m³	1.依据图纸所示地面线、路基设计横断面图、路基土石比例，按平均断面积法计算，按照天然体积以立方米为单位计量； 2.弃土场绿化、防护工程、排水设施在相应章节内计量	1.石方爆破或机械开挖； 2.挖、装、运输、卸车； 3.填料分理； 4.施工排水处理； 5.路床顶面岩盐破碎、润洒饱和卤水、碾压整平、路床清理
-f	挖冻土	m³	1.依据图纸所示地面线、路基设计横断面图、路基土石比例，按平均断面积法计算，按照天然体积以立方米为单位计量； 2.弃土场绿化、防护工程、排水设施在相应章节内计量	1.爆破或机械开挖； 2.挖除、装载、运输、卸车、堆放； 3.施工排水处理； 4.现场清理
203-2	改河、改渠、改路挖方			
-a	挖土方	m³	1.依据图纸所示地面线、设计横断面图、土石比例，按平均断面面积法计算，以立方米为单位计量； 2.路床顶面以下挖松深300mm再压实作为挖土方的附属工作，不另行计量； 3.取弃土场的绿化、防护工程、排水设施在相应章节内计量	1.挖、装、运输、卸车； 2.填料分理、弃土整型、压实； 3.施工排水处理； 4.边坡整修、路床顶面以下挖松深300mm再压实、路床清理
-b	挖石方	m³	1.依据图纸所示地面线、设计横断面图、土石比例，按平均断面面积法计算，以立方米为单位计量； 2.弃土场绿化、防护工程、排水设施在相应章节内计量	1.石方爆破； 2.挖、装、运输、卸车； 3.填料分理、弃土整型、压实； 4.施工排水处理； 5.边坡整修、路床顶面凿平或填平压实、路床清理

续上表

子目号	子目名称	单位	工 程 量 计 量	工 程 内 容
-c	挖除非适用材料（不含淤泥、岩盐、冻土）	m³	1. 依据图纸所示位置,挖除非适用材料(不含淤泥、岩盐、冻土)以立方米为单位计量; 2. 弃土场绿化、防护工程、排水设施在相应章节内计量	1. 施工排水处理; 2. 挖除、装载、运输、卸车、堆放; 3. 现场清理
-d	挖淤泥	m³	1. 依据图纸所示位置,挖除淤泥以立方米为单位计量; 2. 弃土场绿化、防护工程、排水设施在相应章节内计量	1. 施工排水处理; 2. 挖除、装载、运输、卸车、堆放; 3. 现场清理
-e	挖岩盐	m³	1. 依据图纸所示位置,挖岩盐以立方米为单位计量; 2. 路床顶面岩盐破碎、润洒卤水、碾压整平等作为挖岩盐的附属工作,不另行计量	1. 石方爆破或机械开挖; 2. 挖、装、运输、卸车; 3. 填料分理; 4. 施工排水处理; 5. 路床顶面岩盐破碎、润洒饱和卤水、碾压整平、路床清理
-f	挖冻土	m³	1. 依据图纸所示位置,挖冻土以立方米为单位计量; 2. 弃土场绿化、防护工程、排水设施在相应章节内计量	1. 爆破或机械开挖; 2. 挖除、装载、运输、卸车、堆放; 3. 施工排水处理; 4. 现场清理

第 204 节　填方路基

本节工程量清单项目分项计量规则应按表 204 的规定执行。

表 204　填 方 路 基

子目号	子目名称	单位	工 程 量 计 量	工 程 内 容
204	填方路基			
204-1	路基填筑（包括填前压实）			
-a	利用土方	m³	1. 依据图纸所示地面线、路基设计横断面图,按平均断面面积法计算压实的体积,以立方米为单位计量; 2. 当填料中石料含量小于30%时,适用于本条; 3. 满足施工需要,预留路基宽度宽填的填方量作为路基填筑的附属工作,不另行计量; 4. 填前压实、地面下沉增加的填方量按填料来源参照本条计量	1. 基底翻松、压实、挖台阶; 2. 临时排水、翻晒; 3. 分层摊铺; 4. 洒水、压实、刷坡; 5. 整型

子目号	子目名称	单位	工程量计量	工程内容
-b	利用石方	m³	1. 依据图纸所示地面线、路基设计横断面图,按平均断面面积法计算压实的体积,以立方米为单位计量; 2. 当填料中石料含量大于70%时,适用于本条; 3. 地面下沉增加的填方量按填料来源参照本条计量	1. 基底翻松、压实,挖台阶; 2. 临时排水、翻晒; 3. 边坡码砌; 4. 分层摊铺; 5. 小石块(或石屑)填缝、找补; 6. 洒水、压实; 7. 整型
-c	利用土石混填	m³	1. 依据图纸所示地面线、路基设计横断面图,按平均断面面积法计算压实的体积,以立方米为单位计量; 2. 当填料中石料含量大于30%、小于70%时,适用于本条; 3. 满足施工需要,预留路基宽度宽填的填方量作为路基填筑的附属工作,不另行计量; 4. 地面下沉增加的填方量按填料来源参照本条计量	1. 基底翻松、压实、挖台阶; 2. 临时排水、翻晒; 3. 边坡码砌; 4. 分层摊铺; 5. 洒水、压实、刷坡; 6. 整型
-d	借土填方	m³	1. 依据图纸所示地面线、路基设计横断面图,按平均断面面积法计算压实的体积,以立方米为单位计量; 2. 借土场绿化、防护工程、排水设施、临时用地在相应章节内计量; 3. 满足施工需要,预留路基宽度宽填的填方量作为路基填筑的附属工作,不另行计量; 4. 地面下沉增加的填方量按填料来源参照本条计量	1. 借土场场地清理、清除不适用材料; 2. 简易便道、基底翻松、压实、挖台阶; 3. 挖、装、运输、卸车; 4. 分层摊铺; 5. 洒水、压实、刷坡; 6. 施工排水处理; 7. 整型
-e	粉煤灰及矿渣路堤	m³	1. 依据图纸所示地面线、路基设计横断面图,按平均断面面积法计算压实的体积,以立方米为单位计量; 2. 满足施工需要,预留路基宽度宽填的填方量作为路基填筑的附属工作,不另行计量; 3. 地面下沉增加的填方量按填料来源参照本条计量	1. 材料选择; 2. 基底翻松、压实、挖台阶; 3. 挖、装、运输、卸车; 4. 分层摊铺; 5. 洒水、压实、土质护坡; 6. 施工排水处理; 7. 整型

续上表

子目号	子目名称	单位	工程量计量	工程内容
-f	吹填砂路堤	m³	1. 依据图纸所示地面线、路基设计横断面图,按平均断面面积法计算压实的体积,以立方米为单位计量; 2. 满足施工需要,预留路基宽度宽填的填方量作为路基填筑的附属工作,不另行计量; 3. 地面下沉增加的填方量按填料来源参照本条计量	1. 吹砂设备安设; 2. 吹填; 3. 施工排水处理(排水沟、反滤层设置); 4. 封闭及整型
-g	EPS 路堤	m³	依据图纸所示,按铺筑的 EPS 体积以立方米为单位计量	1. 下承层处理; 2. 铺设垫层; 3. EPS 块加工及铺装
-h	结构物台背回填	m³	1. 依据图纸所示结构物台背回填数量,按照压实的体积以立方米为单位计量; 2. 挡土墙墙背回填不另行计量	1. 基底翻松、压实、挖台阶; 2. 填料的选择; 3. 临时排水; 4. 分层摊铺; 5. 洒水、压实; 6. 整型
-i	锥坡及台前溜坡填土	m³	依据图纸所示锥坡及台前溜坡填土数量,按照压实的体积以立方米为单位计量	1. 基底翻松、压实、挖台阶; 2. 填料的选择; 3. 临时排水; 4. 分层摊铺; 5. 洒水、压实; 6. 整型
204-2	改河、改渠、改路填筑			
-a	利用土方	m³	1. 依据图纸所示地面线、设计横断面图,按平均断面面积法计算压实的体积,以立方米为单位计量; 2. 当填料中石料含量小于30%时,适用于本条; 3. 满足施工需要,预留路基宽度宽填的填方量作为路基填筑的附属工作,不另行计量	1. 基底翻松、压实,挖台阶; 2. 临时排水; 3. 分层摊铺; 4. 洒水、压实、刷坡; 5. 整型
-b	利用石方	m³	1. 依据图纸所示地面线、设计横断面图,按平均断面面积法计算压实的体积,以立方米为单位计量; 2. 当填料中石料含量大于70%时,适用于本条; 3. 满足施工需要,预留路基宽度宽填的填方量作为路基填筑的附属工作,不另行计量	1. 基底翻松、压实,挖台阶; 2. 临时排水; 3. 边坡码砌; 4. 分层摊铺; 5. 小石块(或石屑)填缝、找补; 6. 洒水、压实; 7. 整型

子目号	子目名称	单位	工程量计量	工程内容
-c	利用土石混填	m³	1. 依据图纸所示地面线、设计横断面图,按平均断面面积法计算压实的体积,以立方米为单位计量; 2. 当填料中石料含量大于30%、小于70%时,适用于本条; 3. 满足施工需要,预留路基宽度宽填的填方量作为路基填筑的附属工作,不另行计量	1. 基底翻松、压实、挖台阶; 2. 临时排水; 3. 分层摊铺; 4. 洒水、压实、刷坡; 5. 整型
-d	借土填方	m³	1. 依据图纸所示借方填筑数量,按照压实的体积以立方米为单位计量; 2. 借土场绿化、防护工程、排水设施、临时用地在相应章节内计量; 3. 满足施工需要,预留路基宽度宽填的填方量作为路基填筑的附属工作,不另行计量	1. 借土场场地清理; 2. 基底翻松、压实、挖台阶; 3. 挖、装、运输、卸车; 4. 分层摊铺; 5. 洒水、压实、刷坡; 6. 施工排水处理; 7. 整型

第 205 节　特殊地区路基处理

本节工程量清单项目分项计量规则应按表 205 的规定执行。

表 205　特殊地区路基处理

子目号	子目名称	单位	工程量计量	工程内容
205	特殊地区路基处理			
205-1	软土路基处理			
-a	抛石挤淤	m³	依据图纸所示位置和范围,按照抛石体积的片石数量,以立方米为单位计量	1. 临时排水; 2. 抛填片石; 3. 小石块、石屑填塞垫平; 4. 重型压路机压实
-b	爆炸挤淤	m³	依据图纸所示位置和范围,按照设计的爆炸挤淤的淤泥体积,以立方米为单位计量	1. 超高填石; 2. 爆炸设计; 3. 布置炸药; 4. 爆破; 5. 填石; 6. 钻探(或物探)检查
-c	垫层			
-c-1	砂垫层	m³	1. 依据图纸所示位置和断面尺寸,按图示砂垫层密实体积以立方米为单位计量; 2. 因换填而挖除的非适用材料列入203-1相关子目计量	1. 基底清理; 2. 临时排水; 3. 分层铺筑; 4. 分层碾压

续上表

子目号	子目名称	单位	工程量计量	工程内容
-c-2	砂砾垫层	m³	1. 依据图纸所示位置和断面尺寸,按图示砂砾垫层密实体积以立方米为单位计量; 2. 因换填而挖除的非适用材料列入 203-1 相关子目计量	1. 基底清理; 2. 临时排水; 3. 分层铺筑; 4. 分层碾压
-c-3	碎石垫层	m³	1. 依据图纸所示位置和断面尺寸,按图示碎石垫层密实体积以立方米为单位计量; 2. 因换填而挖除的非适用材料列入 203-1 相关子目计量	1. 基底清理; 2. 临时排水; 3. 分层铺筑; 4. 路基边部片石砌护; 5. 分层碾压
-c-4	碎石土垫层	m³	1. 依据图纸所示位置和断面尺寸,按图示碎石土垫层密实体积以立方米为单位计量; 2. 因换填而挖除的非适用材料列入 203-1 相关子目计量	1. 基底清理; 2. 临时排水; 3. 分层铺筑; 4. 分层碾压
-c-5	灰土垫层	m³	1. 依据图纸所示位置和断面尺寸,按图示石灰土垫层密实体积以立方米为单位计量; 2. 因换填而挖除的非适用材料列入 203-1 相关子目计量	1. 基底清理; 2. 临时排水; 3. 石灰购置、运输、消解、拌和; 4. 分层铺筑; 5. 分层碾压
-d	土工合成材料			
-d-1	反滤土工布	m²	1. 依据图纸所示位置和规格,按土层中分层铺设反滤土工布的累计净面积以平方米为单位计量; 2. 接缝的重叠面积和边缘的包裹面积不予计量	1. 清理下承层; 2. 铺设及固定; 3. 接缝处理(搭接、缝接、粘接); 4. 边缘处理
-d-2	防渗土工膜	m²	1. 依据图纸所示位置和规格,按土层中分层铺设防渗土工膜的累计净面积以平方米为单位计量; 2. 接缝的重叠面积和边缘的包裹面积不予计量	1. 清理下承层; 2. 铺设及固定; 3. 接缝处理(搭接、缝接、粘接); 4. 边缘处理
-d-3	土工格栅	m²	1. 依据图纸所示位置和规格、型号,按土层中分层铺设土工格栅的累计净面积以平方米为单位计量; 2. 接缝的重叠面积和边缘的包裹面积不予计量	1. 清理下承层; 2. 铺设及固定; 3. 接缝处理(搭接、缝接、粘接); 4. 边缘处理
-d-4	土工格室	m²	1. 依据图纸所示位置和规格、型号,按设置土工格室的累计净面积以平方米为单位计量; 2. 接缝的重叠面积和边缘的包裹面积不予计量	1. 清理下承层; 2. 铺设及固定; 3. 接缝处理(搭接、缝接、粘接); 4. 边缘处理

续上表

子目号	子目名称	单位	工程量计量	工程内容
-e	预压与超载预压			
-e-1	真空预压	m^2	1. 依据图纸所示的沿密封沟内缘线密封膜覆盖的路基面积以平方米为单位计量； 2. 真空联合堆载预压的堆载土方在205-1-e-2子目计量； 3. 砂垫层作为真空预压的附属工作不另行计量	1. 场地清理及埋设沉降观测设施； 2. 铺设砂垫层及密封薄膜； 3. 施工密封沟； 4. 安装真空设备； 5. 抽真空、沉降观测； 6. 拆除、清理场地； 7. 围堰与临时排水
-e-2	超载预压	m^3	依据图纸所示预压范围（宽度、高度、长度）预压后体积以立方米为单位计量	1. 场地清理及埋设沉降观测设施； 2. 指标试验； 3. 围堰及临时排水； 4. 挖运、堆载、整型及碾压； 5. 沉降观测； 6. 卸载
-f	袋装砂井	m	依据图纸所示位置和断面尺寸，按不同直径袋装砂井的长度以米为单位计量	1. 场地清理； 2. （轨道铺、拆）装砂袋； 3. 桩机定位； 4. 打钢管； 5. 下砂袋； 6. 拔钢管； 7. 起重机（门架）、桩机移位
-g	塑料排水板	m	1. 依据图纸所示位置和断面尺寸，按图示不同类型的塑料排水板长度以米为单位计量； 2. 不计伸入垫层内的塑料排水板长度	1. 场地清理； 2. （轨道铺、拆）桩机定位； 3. 穿塑料排水板； 4. 安桩靴； 5. 打拔钢管； 6. 剪断排水板； 7. 起重机（门架）、桩机移位
-h	粒料桩			
-h-1	砂桩	m	依据图纸所示位置和断面尺寸，按图示不同桩径的砂桩长度以米为单位计量	1. 场地清理； 2. 成桩设备安装与就位； 3. 成孔； 4. 灌砂； 5. 桩机移位
-h-2	碎石桩	m	依据图纸所示位置和断面尺寸，按图示不同桩径的碎石桩长度以米为单位计量	1. 场地清理； 2. 成桩设备安装与就位； 3. 成孔； 4. 灌碎石； 5. 桩机移位

续上表

子目号	子目名称	单位	工程量计量	工程内容
-i	加固土桩			
-i-1	粉喷桩	m	依据图纸所示位置和断面尺寸，按图示不同桩径的粉喷桩长度以米为单位计量	1. 场地清理； 2. 钻机安装与就位； 3. 钻孔； 4. 喷（水泥）粉，搅拌； 5. 复喷、二次搅拌； 6. 桩机移位
-i-2	浆喷桩	m	依据图纸所示位置和断面尺寸，按图示不同桩径的浆喷桩长度以米为单位计量	1. 场地清理； 2. 钻机定位； 3. 钻进； 4. 上提喷浆、强制搅拌； 5. 复搅； 6. 提杆出孔； 7. 钻机移位
-j	CFG 桩	m	依据图纸所示位置和断面尺寸，按图示不同桩径的 CFG 桩长度以米为单位计量	1. 场地清理； 2. 钻机定位； 3. 钻进成孔； 4. CFG 桩混合料拌制； 5. 灌注及拔管； 6. 桩头处理； 7. 钻机移位
-k	Y 形沉管灌注桩	m	依据图纸所示位置和断面尺寸，按图示不同规格的 Y 形沉管灌注桩长度以米为单位计量	1. 场地清理； 2. 打桩机定位； 3. 沉管； 4. 混合料拌制； 5. 灌注及拔管； 6. 桩头处理； 7. 打桩机移位
-l	薄壁筒型沉管灌注桩	m	依据图纸所示位置和断面尺寸，按图示不同规格的薄壁筒型沉管灌注桩长度以米为单位计量	1. 场地清理； 2. 打桩机定位； 3. 沉管； 4. 混合料拌制； 5. 灌注及拔管； 6. 桩头处理； 7. 打桩机移位
-m	静压管桩	m	依据图纸所示位置和断面尺寸，按图示不同规格的静压管桩长度以米为单位计量	1. 场地清理； 2. 管桩制作； 3. 静力压桩机定位； 4. 压桩； 5. 桩身连接； 6. 桩头处理； 7. 压桩机移位

子目号	子目名称	单位	工程量计量	工程内容
-n	强夯及强夯置换			
-n-1	强夯	m²	依据图纸所示位置和处理面积，按图示路堤底面积以平方米为单位计量	1. 场地清理； 2. 拦截、排除地表水； 3. 防止地表水下渗等防渗措施； 4. 强夯处理； 5. 路基整型； 6. 压实； 7. 沉降观测
-n-2	强夯置换	m³	依据图纸所示位置，按图示置换的体积以立方米为单位计量	1. 场地清理； 2. 拦截、排除地表水； 3. 防止地表水下渗等防渗措施； 4. 挖除材料； 5. 铺设置换材料； 6. 强夯； 7. 路基整型； 8. 承载力检测
205-2	红黏土及膨胀土路基处理			
-a	石灰改良土	m³	1. 依据图纸所示位置和断面尺寸，对不良填料进行掺石灰改良处理，按不同掺灰量的压实体积，以立方米为单位计量； 2. 本条内容仅指石灰改良土作业，包括石灰的购置、运输、消解、拌和、洒水； 3. 土石方挖运、摊平、压实、整型在 204 节计量； 4. 包边土方在第 204 节计量	1. 原状土开挖翻松及晾晒； 2. 石灰消解； 3. 掺灰拌和
-b	水泥改良土	m²	1. 依据图纸所示位置和断面尺寸，对不良填料进行掺水泥改良处理，按不同掺水泥量的压实体积，以立方米为单位计量； 2. 本条内容仅指水泥改良土作业，包括水泥的购置、运输、消解、拌和、洒水； 3. 土石方挖运、摊平、压实、整型在 204 节计量； 4. 包边土方在第 204 节计量	1. 原状土开挖翻松及晾晒； 2. 水泥消解； 3. 掺水泥拌和
205-3	滑坡处理			
-a	清除滑坡体	m³	依据图纸所示位置，按照清除滑坡体土方与石方的天然体积分别以立方米为单位计量	1. 地表水引排、防渗、地下水疏导引离； 2. 挖除、装载； 3. 运输到指定地点堆放； 4. 现场清理

续上表

子目号	子目名称	单位	工程量计量	工程内容
205-4	岩溶洞处理			
-a	回填	m³	依据图纸所示位置和范围,按照图纸要求的回填材料密实体积以立方米为单位计量	1.清除覆土; 2.炸开顶板; 3.地下水疏导引离; 4.挖除充填物; 5.分层回填; 6.碾压、夯实
205-5	湿陷性黄土路基处理			
-a	陷穴处理			
-a-1	灌砂	m³	依据图纸所示位置,按照灌砂的体积,以立方米为单位计量	1.施工排水处理; 2.开挖; 3.灌砂; 4.压实
-a-2	灌水泥砂浆	m³	依据图纸所示位置,按照灌水泥砂浆的体积,以立方米为单位计量	1.施工排水处理; 2.开挖; 3.水泥砂浆拌制; 4.灌水泥砂浆
-b	强夯及强夯置换			
-b-1	强夯	m²	依据图纸所示位置和处理面积,按图示路堤底面积以平方米为单位计量	1.场地清理; 2.拦截、排除地表水; 3.防止地表水下渗等防渗措施; 4.强夯处理; 5.路基整型; 6.压实; 7.沉降观测
-b-2	强夯置换	m³	依据图纸所示位置,按图示置换的体积以立方米为单位计量	1.场地清理; 2.拦截、排除地表水; 3.防止地表水下渗等防渗措施; 4.挖除材料; 5.铺设置换材料; 6.强夯; 7.路基整型; 8.承载力检测
-c	石灰改良土	m³	1.依据图纸所示位置和断面尺寸,对不良填料进行掺石灰改良处理,按不同掺灰量的压实体积,以立方米为单位计量; 2.本条内容仅指石灰改良土作业,包括石灰的购置、运输、消解、拌和、洒水; 3.土石方挖运、摊平、压实、整型在 204 节计量	1.原状土开挖翻松及晾晒; 2.石灰消解; 3.掺灰拌和

子目号	子目名称	单位	工程量计量	工程内容
-d	灰土桩	m	依据图纸所示位置和断面尺寸，按图示不同直径的灰土桩的长度以米为单位计量	1. 场地清理； 2. 钻机安装与就位； 3. 钻孔； 4. 喷（水泥）粉，搅拌； 5. 复喷、二次搅拌； 6. 桩机移位
205-6	盐渍土路基处理			
-a	垫层			
-a-1	砂垫层	m³	1. 依据图纸所示位置和断面尺寸，按图示砂垫层密实体积以立方米为单位计量； 2. 因换填而挖除的非适用材料列入203-1相关子目计量	1. 基底清理； 2. 临时排水； 3. 分层铺筑； 4. 分层碾压
-a-2	砂砾垫层	m³	1. 依据图纸所示位置和断面尺寸，按图示砂砾垫层密实体积以立方米为单位计量； 2. 因换填而挖除的非适用材料列入203-1相关子目计量	1. 基底清理； 2. 临时排水； 3. 分层铺筑； 4. 分层碾压
-b	土工合成材料			
-b-1	防渗土工膜	m²	1. 依据图纸所示位置和规格，按土层中分层铺设防渗土工膜的累计净面积以平方米为单位计量； 2. 接缝的重叠面积和边缘的包裹面积不予计量	1. 清理下承层； 2. 铺设及固定； 3. 接缝处理（搭接、缝接、粘接）； 4. 边缘处理
-b-2	土工格栅	m²	1. 依据图纸所示位置和规格、型号，按土层中分层铺设土工格栅的累计净面积以平方米为单位计量； 2. 接缝的重叠面积和边缘的包裹面积不予计量	1. 清理下承层； 2. 铺设及固定； 3. 接缝处理（搭接、缝接、粘接）； 4. 边缘处理
205-7	风积沙路基处理			
-a	土工合成材料			
-a-1	土工格栅	m²	1. 依据图纸所示位置和规格、型号，按土层中分层铺设土工格栅的累计净面积以平方米为单位计量； 2. 接缝的重叠面积和边缘的包裹面积不予计量	1. 清理下承层； 2. 铺设及固定； 3. 接缝处理（搭接、缝接、粘接）； 4. 边缘处理

子目号	子目名称	单位	工程量计量	工程内容
-a-2	土工格室	m²	1. 依据图纸所示位置和规格、型号,按设置土工格室的累计净面积以平方米为单位计量; 2. 接缝的重叠面积和边缘的包裹面积不予计量	1. 清理下承层; 2. 铺设及固定; 3. 接缝处理(搭接、缝接、粘接); 4. 边缘处理
-a-3	蜂窝式塑料网	m²	1. 依据图纸所示位置和规格、型号,按设置蜂窝式塑料的累计净面积以平方米为单位计量; 2. 接缝的重叠面积和边缘的包裹面积不予计量	1. 清理下承层; 2. 铺设及固定; 3. 接缝处理(搭接、缝接、粘接); 4. 边缘处理
205-8	冻土路基处理			
-a	隔热层			
-a-1	XPS 保温板	m²	依据图纸所示位置和断面形状、尺寸,按图示粘贴的 XPS 保温板面积,以平方米为单位计量	1. 备保温板、运输; 2. 裁剪保温板; 3. 清理粘贴面; 4. 涂刷或批刮黏结胶浆; 5. 粘贴到图示墙面或地面
-b	通风管	m	依据图纸所示位置和断面形状、尺寸,按设置的通风管长度以米为单位计量	1. 基础开挖; 2. 通风管制作; 3. 通风管安装; 4. 回填砂砾; 5. 压实
-c	热棒	根	依据图纸所示位置和尺寸,按图示设置的热棒数量以根为单位计量	1. 场地清理; 2. 备水电、材料、机具设备; 3. 钻机定位; 4. 钻进、成孔; 5. 起吊安装热棒; 6. 热棒四周灌砂密实; 7. 钻机移位

第 206 节　路基整修

本节包括路堤整修和路堑边坡的修整,达到符合图纸所示的线形、纵坡、边坡、边沟和路基断面的作业。本节工作内容均不作计量。

第 207 节　坡面排水

本节工程量清单项目分项计量规则应按表 207 的规定执行。

表207　坡面排水

子目号	子目名称	单位	工程量计量	工程内容
207	坡面排水			
207-1	边沟			
-a	浆砌片石	m³	依据图纸所示位置及断面尺寸，按浆砌片石的体积以立方米为单位计量	1.场地清理； 2.地基平整夯实，断面补挖； 3.铺设垫层； 4.砂浆拌制； 5.浆砌片石、勾缝、抹面、养护； 6.回填
-b	浆砌块石	m³	依据图纸所示位置及断面尺寸，按照不同强度等级浆砌块石的体积以立方米为单位计量	1.场地清理； 2.地基平整夯实，断面补挖； 3.铺设垫层； 4.砂浆拌制； 5.浆砌块石、勾缝、抹面、养护； 6.回填
-c	现浇混凝土	m³	依据图纸所示位置及断面尺寸，按照不同强度等级混凝土浇筑的边沟体积以立方米为单位计量	1.场地清理； 2.地基平整夯实，断面补挖； 3.铺设垫层； 4.模板制作、安装、拆除； 5.钢筋制作与安装； 6.混凝土拌和、运输、浇筑、养护； 7.回填
-d	预制安装混凝土	m³	依据图纸所示位置及断面尺寸，按照不同强度等级混凝土预制的边沟体积以立方米为单位计量	1.场地清理； 2.地基平整夯实，断面补挖； 3.铺设垫层； 4.模板制作、安装、拆除； 5.预制件预制、运输、装卸； 6.预制件安装； 7.回填
-e	预制安装混凝土盖板	m³	依据图纸所示位置及断面尺寸，按照不同强度等级混凝土预制的盖板体积以立方米为单位计量	1.场地清理； 2.模板制作、安装、拆除； 3.钢筋制作与安装； 4.预制件预制、运输、装卸； 5.预制件安装
-f	干砌片石	m³	依据图纸所示位置及断面尺寸，按干砌片石的体积以立方米为单位计量	1.场地清理； 2.地基平整夯实，断面补挖； 3.铺设垫层； 4.铺砌片石； 5.回填

续上表

子目号	子目名称	单位	工程量计量	工程内容
207-2	排水沟			
-a	浆砌片石	m³	依据图纸所示位置及断面尺寸，按浆砌片石的体积以立方米为单位计量	1. 场地清理； 2. 地基平整夯实，断面补挖； 3. 铺设垫层； 4. 砂浆拌制； 5. 浆砌片石、勾缝、抹面、养护； 6. 回填
-b	浆砌块石	m³	依据图纸所示位置及断面尺寸，按照不同强度等级浆砌块石的体积以立方米为单位计量	1. 场地清理； 2. 地基平整夯实，断面补挖； 3. 铺设垫层； 4. 砂浆拌制； 5. 浆砌块石、勾缝、抹面、养护； 6. 回填
-c	现浇混凝土	m³	依据图纸所示位置及断面尺寸，按照不同强度等级混凝土浇筑的排水沟体积以立方米为单位计量	1. 场地清理； 2. 地基平整夯实，断面补挖； 3. 铺设垫层； 4. 模板制作、安装、拆除； 5. 钢筋制作与安装； 6. 混凝土拌和、运输、浇筑、养护； 7. 回填
-d	预制安装混凝土	m³	依据图纸所示位置及断面尺寸，按照不同强度等级混凝土预制的排水沟体积以立方米为单位计量	1. 场地清理； 2. 地基平整夯实，断面补挖； 3. 铺设垫层； 4. 模板制作、安装、拆除； 5. 预制件预制、运输、装卸； 6. 预制件安装； 7. 回填
-e	预制安装混凝土盖板	m³	依据图纸所示位置及断面尺寸，按照不同强度等级混凝土预制的盖板体积以立方米为单位计量	1. 场地清理； 2. 模板制作、安装、拆除； 3. 钢筋制作与安装； 4. 预制件预制、运输、装卸； 5. 预制件安装
-f	干砌片石	m³	依据图纸所示位置及断面尺寸，按干砌片石的体积以立方米为单位计量	1. 场地清理； 2. 地基平整夯实，断面补挖； 3. 铺设垫层； 4. 铺砌片石； 5. 回填
207-3	截水沟			
-a	浆砌片石	m³	依据图纸所示位置及断面尺寸，按浆砌片石的体积以立方米为单位计量	1. 场地清理； 2. 地基平整夯实，断面补挖； 3. 铺设垫层； 4. 砂浆拌制； 5. 浆砌片石、勾缝、抹面、养护； 6. 回填

子目号	子目名称	单位	工程量计量	工程内容
-b	浆砌块石	m³	依据图纸所示位置及断面尺寸，按照不同强度等级浆砌块石的体积以立方米为单位计量	1.场地清理； 2.地基平整夯实,断面补挖； 3.铺设垫层； 4.砂浆拌制； 5.浆砌块石、勾缝、抹面、养护； 6.回填
-c	现浇混凝土	m³	依据图纸所示位置及断面尺寸，按照不同强度等级混凝土浇筑的截水沟体积以立方米为单位计量	1.场地清理； 2.地基平整夯实,断面补挖； 3.铺设垫层； 4.模板制作、安装、拆除； 5.混凝土拌和、运输、浇筑、养护； 6.回填
-d	预制安装混凝土	m³	依据图纸所示位置及断面尺寸，按照不同强度等级混凝土预制的截水沟体积以立方米为单位计量	1.场地清理； 2.地基平整夯实,断面补挖； 3.铺设垫层； 4.模板制作、安装、拆除； 5.预制件预制、运输、装卸； 6.预制件安装； 7.回填
-e	干砌片石	m³	依据图纸所示位置及断面尺寸，按干砌片石的体积以立方米为单位计量	1.场地清理； 2.地基平整夯实,断面补挖； 3.铺设垫层； 4.铺砌片石； 5.回填
207-4	跌水与急流槽			
-a	干砌片石	m³	依据图纸所示位置及断面尺寸，按干砌片石的体积以立方米为单位计量	1.场地清理； 2.基础开挖； 3.铺设垫层； 4.铺砌片石； 5.回填
-b	浆砌片石	m³	依据图纸所示位置及断面尺寸，按照不同强度等级浆砌片石的体积以立方米为单位计量	1.场地清理； 2.基础开挖； 3.铺设垫层； 4.砂浆拌制； 5.浆砌片石、勾缝、抹面、养护； 6.回填
-c	现浇混凝土	m³	依据图纸所示位置及断面尺寸，按照不同强度等级混凝土浇筑的体积以立方米为单位计量	1.场地清理； 2.地基平整夯实,断面补挖； 3.铺设垫层； 4.模板制作、安装、拆除； 5.混凝土拌和、运输、浇筑、养护； 6.回填

子目号	子目名称	单位	工程量计量	工 程 内 容
-d	预制安装混凝土	m³	依据图纸所示位置及断面尺寸，按照不同强度等级混凝土预制的体积以立方米为单位计量	1. 场地清理； 2. 地基平整夯实，跌水与急流槽断面补挖； 3. 铺设垫层； 4. 模板制作、安装、拆除； 5. 预制件预制、运输、装卸； 6. 预制件安装； 7. 回填
207-5	渗沟	m	依据图纸所示位置及断面尺寸，分不同类型及规格的渗沟，按长度以米为单位计量	1. 基础开挖； 2. 进出水口处理； 3. 铺设防渗材料； 4. 铺设透水管及泄水管； 5. 填料填筑及夯实； 6. 设置反滤层； 7. 设置封闭层； 8. 现场清理
207-6	蒸发池			
-a	挖土（石）方	m³	依据图纸所示地面线、断面尺寸、土石比例，按开挖的天然密实体积以立方米为单位计量	1. 场地清理； 2. 开挖、集中、装运； 3. 施工排水处理； 4. 弃方处理
-b	圬工	m³	依据图纸所示位置及断面尺寸，分不同类型及强度等级，按圬工体积以立方米为单位计量	1. 场地清理； 2. 基坑开挖及弃方处理； 3. 地基平整夯实，断面补挖； 4. 浆砌片石、勾缝、抹面、养护； 5. 回填
207-7	涵洞上下游改沟、改渠铺砌			
-a	浆砌片石铺砌	m³	依据图纸所示位置及断面尺寸，按照不同强度等级水泥砂浆铺砌的片石体积以立方米为单位计量	1. 场地清理； 2. 地基平整夯实，沟、渠断面补挖； 3. 铺设垫层； 4. 砂浆拌制； 5. 浆砌片石、勾缝、抹面、养护； 6. 回填
-b	现浇混凝土铺砌	m³	依据图纸所示位置及断面尺寸，按照不同强度等级混凝土浇筑的沟、渠铺砌体积以立方米为单位计量	1. 场地清理； 2. 地基平整夯实，沟、渠断面补挖； 3. 铺设垫层； 4. 模板制作、安装、拆除； 5. 混凝土拌和、运输、浇筑、养护； 6. 回填

子目号	子目名称	单位	工程量计量	工程内容
-c	预制混凝土铺砌	m³	依据图纸所示位置及断面尺寸，按照不同强度等级混凝土预制的沟、渠铺砌体积以立方米为单位计量	1.场地清理； 2.地基平整夯实,沟、渠断面补挖； 3.铺设垫层； 4.模板制作、安装、拆除； 5.预制件预制、运输、装卸； 6.预制件安装； 7.回填
207-8	现浇混凝土坡面排水结构物	m³	依据图纸所示位置及断面尺寸，按照不同强度等级混凝土浇筑的坡面排水结构物体积以立方米为单位计量	1.场地清理； 2.地基平整夯实,坡面排水结构物断面补挖； 3.铺设垫层； 4.模板制作、安装、拆除； 5.混凝土拌和、运输、浇筑、养护； 6.回填
207-9	预制混凝土坡面排水结构物	m³	依据图纸所示位置及断面尺寸，按照不同强度等级混凝土预制的坡面排水结构物体积以立方米为单位计量	1.场地清理； 2.地基平整夯实,坡面排水结构物断面补挖； 3.铺设垫层； 4.模板制作、安装、拆除； 5.预制件预制、运输、装卸； 6.预制件安装； 7.回填
207-10	仰斜式排水孔			
-a	钻孔	m	依据图纸所示位置及孔径，按照不同孔径排水孔长度以米为单位计量	1.搭拆脚手架； 2.安拆钻机； 3.布眼、钻孔、清孔； 4.现场清理
-b	排水管	m	依据图纸所示位置及排水管材质，按照不同管径排水管长度以米为单位计量	1.搭拆脚手架； 2.管体制作、包裹渗水土工布（反滤膜）； 3.安装排水管,排水口处理； 4.现场清理
-c	软式透水管	m	依据图纸所示位置及排水管材质，按照不同管径排水管长度以米为单位计量	1.搭拆脚手架； 2.管体制作、包裹渗水土工布（反滤膜）； 3.安装透水管,排水口处理； 4.现场清理

第 208 节　护坡、护面墙

本节工程量清单项目分项计量规则应按表 208 的规定执行。

表 208　护坡、护面墙

子目号	子目名称	单位	工程量计量	工程内容
208	护坡、护面墙			
208-1	护坡垫层	m³	依据图纸所示位置和密实厚度，按照不同材料类别的垫层体积以立方米为单位计量	1.坡面清理、修整； 2.垫层材料铺筑； 3.压实、捣固； 4.弃渣处理
208-2	干砌片石护坡	m³	1.依据图纸所示位置和铺砌厚度，扣除急流槽所占部分，以立方米为单位计量； 2.含碎落台、护坡平台满铺干砌片石数量	1.清理边坡，坡面夯实，基础开挖； 2.铺砌片石； 3.回填； 4.清理现场
208-3	浆砌片石护坡			
-a	满铺浆砌片石护坡	m³	1.依据图纸所示位置和铺砌厚度、水泥砂浆强度，按照铺砌体积以立方米为单位计量； 2.含碎落台、护坡平台满铺浆砌片石数量； 3.扣除急流槽所占体积	1.清理边坡，坡面夯实，基础开挖； 2.浆砌片石； 3.勾缝、抹面、养护； 4.回填； 5.清理现场
-b	浆砌骨架护坡	m³	1.依据图纸所示位置和铺砌厚度、骨架形式、水泥砂浆强度，按照护坡体体积以立方米为单位计量； 2.含碎落台、护坡平台浆砌骨架数量； 3.扣除急流槽所占体积	1.清理边坡，坡面夯实，基础开挖； 2.浆砌片石； 3.勾缝、抹面、养护； 4.回填； 5.清理现场
-c	现浇混凝土	m³	依据图纸所示位置及断面尺寸，按照不同强度等级混凝土浇筑的现浇混凝土体积以立方米为单位计量	1.清理边坡，坡面夯实，基坑开挖； 2.模板制作、安装、拆除； 3.混凝土拌和、运输、浇筑、养护； 4.回填； 5.清理现场
208-4	混凝土护坡			
-a	现浇混凝土满铺护坡	m³	1.依据图纸所示位置及断面尺寸，按照不同强度等级混凝土浇筑的实体体积以立方米为单位计量； 2.含碎落台、护坡平台满铺混凝土数量； 3.扣除急流槽所占体积	1.清理边坡，坡面夯实，基坑开挖； 2.模板制作、安装、拆除； 3.混凝土拌和、运输、浇筑、养护； 4.回填； 5.清理现场

子目号	子目名称	单位	工程量计量	工程内容
-b	混凝土预制件满铺护坡	m³	1. 依据图纸所示位置和构造尺寸,按照不同强度等级混凝土预制件铺砌坡面的实体体积以立方米为单位计量; 2. 含碎落台、护坡平台满铺混凝土数量; 3. 扣除急流槽所占体积	1. 清理边坡,坡面夯实,基坑开挖; 2. 预制场建设; 3. 预制件预制、运输、装卸; 4. 预制件安装; 5. 回填; 6. 清理现场
-c	现浇混凝土骨架护坡	m³	依据图纸所示位置及断面尺寸,按照不同强度等级混凝土浇筑的骨架护坡体积以立方米为单位计量	1. 清理边坡,坡面夯实,基坑开挖; 2. 模板制作、安装、拆除; 3. 混凝土拌和、运输、浇筑、养护; 4. 回填; 5. 清理现场
-d	混凝土预制件骨架护坡	m³	依据图纸所示位置和构造尺寸,按照不同强度等级混凝土预制件骨架护坡的体积以立方米为单位计量	1. 清理边坡,坡面夯实,基坑开挖; 2. 预制场建设; 3. 预制件预制、运输、装卸; 4. 预制件安装; 5. 回填; 6. 清理现场
-e	浆砌片石	m³	依据图纸所示位置和铺砌厚度,按照不同强度等级水泥砂浆砌筑的浆砌片石护坡体积以立方米为单位计量	1. 清理边坡,坡面夯实,基础开挖; 2. 浆砌片石; 3. 勾缝、抹面、养护; 4. 回填; 5. 清理现场
208-5	护面墙			
-a	浆砌片(块)石护面墙	m³	1. 依据图纸所示位置和断面尺寸,按图示不同强度等级水泥砂浆砌片(块)石的体积以立方米为单位计量; 2. 不扣除沉降缝、泄水孔、预埋件所占体积	1. 基坑开挖、地基平整夯实、废方弃运; 2. 边坡清理夯实; 3. 浆砌片石,设泄水孔及其滤水层; 4. 接缝处理; 5. 勾缝、抹面、墙背排水设施设置、填料分层填筑; 6. 清理现场
-b	现浇混凝土护面墙	m³	1. 依据图纸所示位置和断面尺寸,按图示不同强度等级混凝土的体积以立方米为单位计量; 2. 不扣除沉降缝、泄水孔、预埋件所占体积	1. 场地清理; 2. 基坑开挖,地基平整夯实,废方弃运; 3. 边坡清理夯实; 4. 模板制作、安装、拆除; 5. 混凝土拌和、运输、浇筑、养护; 6. 泄水孔及其滤水层、沉降缝设置; 7. 墙背排水设施设置、填料分层填筑; 8. 清理现场

子目号	子目名称	单位	工程量计量	工程内容
-c	预制安装混凝土护面墙	m³	1. 依据图纸所示位置及断面尺寸,按照不同强度等级混凝土预制件的体积以立方米为单位计量; 2. 不扣除沉降缝、泄水孔、预埋件所占体积	1. 预制场建设; 2. 预制件预制、运输、装卸; 3. 预制件安装; 4. 墙背排水设施设置、填料分层填筑; 5. 清理现场
208-6	封面			
-a	封面	m²	依据图纸所示位置及断面尺寸,按照不同厚度的封面面积以平方米为单位计量	1. 坡面清理; 2. 封面施工; 3. 清理现场
208-7	捶面			
-a	捶面	m²	依据图纸所示位置及断面尺寸,按照不同厚度的捶面面积以平方米为单位计量	1. 坡面清理; 2. 捶面施工; 3. 清理现场
208-8	坡面柔性防护			
-a	主动防护系统	m²	1. 依据图纸所示,按主动防护系统防护的坡面面积以平方米为单位计量; 2. 网片搭接部分作为附属工作,不另行计量	1. 坡面清理; 2. 脚手架安设、拆除、完工清理和保养; 3. 支撑绳穿绳、张拉、固定; 4. 挂网、网片连接、缝合、固定; 5. 钻孔、清孔、套管装拔,锚杆制作、安装、锚固、锚头处理; 6. 浆液制备、注浆、养护; 7. 网面调整
-b	被动防护系统	m²	1. 依据图纸所示,按被动防护系统网面的面积以平方米为单位计量; 2. 网片搭接部分作为附属工作,不另行计量	1. 坡面清理; 2. 基础及立柱施工; 3. 支撑绳穿绳、张拉、固定; 4. 挂网、网片连接、缝合、固定; 5. 钻孔、清孔、套管装拔,锚杆制作、安装、锚固、锚头处理; 6. 浆液制备、注浆、养护; 7. 网面调整

第 209 节 挡土墙

本节工程量清单项目分项计量规则应按表 209 的规定执行。

表 209 挡 土 墙

子目号	子目名称	单位	工程量计量	工程内容
209	挡土墙			
209-1	垫层	m³	依据图纸所示位置及垫层密实厚度,按照不同材料的垫层体积以立方米为单位计量	1. 基底清理; 2. 临时排水; 3. 铺筑垫层; 4. 夯实
209-2	基础			
-a	浆砌片(块)石基础	m³	依据图纸所示位置和断面尺寸,按图示不同强度等级水泥砂浆砌石体积以立方米为单位计量	1. 基坑开挖、清理、平整、夯实、废方弃运; 2. 拌、运砂浆; 3. 砌筑、养护; 4. 回填
-b	混凝土基础	m³	依据图纸所示位置和断面尺寸,按图示不同强度等级混凝土体积以立方米为单位计量	1. 基坑开挖、清理、平整、夯实; 2. 混凝土制作、运输; 3. 浇筑、振捣; 4. 养护; 5. 回填; 6. 清理现场
209-3	砌体挡土墙			
-a	浆砌片(块)石	m³	1. 依据图纸所示位置和断面尺寸,按图示不同强度等级水泥砂浆砌石体积以立方米为单位计量; 2. 不扣除沉降缝、泄水孔、预埋件所占体积	1. 基坑开挖、清理、平整、夯实; 2. 浆砌片(块)石,设泄水孔及其滤水层; 3. 接缝处理; 4. 勾缝、抹面、墙背排水设施设置、墙背填料分层填筑; 5. 清理、废方弃运
209-4	干砌挡土墙	m³	1. 依据图纸所示位置和断面尺寸,按图示干砌体积以立方米为单位计量; 2. 不扣除沉降缝、泄水孔所占体积	1. 基坑开挖、清理、平整、夯实; 2. 砌筑片(块)石,泄水孔及其滤水层; 3. 接缝处理; 4. 抹面; 5. 墙背排水设施设置、墙背填料分层填筑; 6. 清理、废方弃运
209-5	混凝土挡土墙			
-a	混凝土	m³	1. 依据图纸所示位置和断面尺寸,按图示不同强度等级混凝土体积以立方米为单位计量; 2. 不扣除沉降缝、泄水孔、预埋件所占体积	1. 基坑开挖、清理、平整、夯实; 2. 模板制作、安装、拆除; 3. 混凝土拌和、运输、浇筑、养护; 4. 泄水孔及其滤水层、沉降缝设置; 5. 墙背填料分层填筑; 6. 清理,弃方处理
-b	钢筋	kg	1. 依据图纸所示及钢筋表所列钢筋质量以千克为单位计量; 2. 固定钢筋的材料、定位架立筋、钢筋接头、吊装钢筋、钢板、铁丝作为钢筋作业的附属工作,不另行计量	1. 钢筋的保护、储存及除锈; 2. 钢筋整直、接头; 3. 钢筋截断、弯曲; 4. 钢筋安设、支承及固定

第 210 节 锚杆、锚定板挡土墙

本节工程量清单项目分项计量规则应按表 210 的规定执行。

表 210 锚杆、锚定板挡土墙

子目号	子目名称	单位	工程量计量	工程内容
210	锚杆、锚定板挡土墙			
210-1	锚杆挡土墙			
-a	现浇混凝土立柱	m³	依据图纸所示位置及断面尺寸，按照不同强度等级混凝土体积以立方米为单位计量	1. 基坑开挖、清理、平整、夯实； 2. 模板制作、安装、拆除； 3. 混凝土拌和、运输、浇筑、养护； 4. 锚头制作、防锈及防水封闭； 5. 清理现场
-b	预制安装混凝土立柱	m³	依据图纸所示位置及断面尺寸，按照不同强度等级混凝土立柱体积以立方米为单位计量	1. 基础开挖； 2. 预制场建设； 3. 预制件预制、运输、装卸； 4. 预制件安装； 5. 锚头制作、防锈及防水封闭； 6. 清理现场
-c	预制安装混凝土挡板	m³	依据图纸所示位置和断面尺寸，按图示不同强度等级混凝土体积以立方米为单位计量	1. 沟槽开挖； 2. 预制场建设； 3. 预制件预制、运输、装卸； 4. 预制件安装； 5. 墙背回填及墙背排水系统施工； 6. 清理，弃方处理
210-2	锚定板挡土墙			
-a	现浇混凝土肋柱	m³	依据图纸所示位置及断面尺寸，按照不同强度等级混凝土体积以立方米为单位计量	1. 基坑开挖、清理、平整、夯实； 2. 模板制作、安装、拆除； 3. 混凝土拌和、运输、浇筑、养护； 4. 锚头制作、防锈及防水封闭； 5. 清理现场
-b	预制安装混凝土肋柱	m³	依据图纸所示位置及断面尺寸，按照不同强度等级混凝土体积以立方米为单位计量	1. 基础开挖； 2. 预制场建设； 3. 预制件预制、运输、装卸； 4. 预制件安装； 5. 锚头制作、防锈及防水封闭； 6. 清理现场
-c	预制安装混凝土锚定板	m³	依据图纸所示位置及断面尺寸，按照不同强度等级混凝土体积以立方米为单位计量	1. 沟槽开挖； 2. 预制场建设； 3. 预制件预制、运输、装卸； 4. 预制件安装； 5. 墙背回填及墙背排水系统施工； 6. 清理现场

子目号	子目名称	单位	工程量计量	工程内容
210-3	现浇墙身混凝土、附属部位混凝土			
-a	现浇混凝土墙身	m³	1.依据图纸所示位置和断面尺寸，按图示不同强度等级混凝土体积以立方米为单位计量； 2.不扣除沉降缝、泄水孔、预埋件所占体积	1.模板制作、安装、拆除； 2.混凝土拌和、运输、浇筑、养护； 3.墙背回填及墙背排水系统施工； 4.清理现场
-b	现浇附属部位混凝土	m³	依据图纸所示断面尺寸，按照不同强度等级混凝土体积以立方米为单位计量	1.模板制作、安装、拆除； 2.混凝土拌和、运输、浇筑、养护； 3.清理现场
210-4	现浇桩基混凝土	m³	1.依据图纸所示位置及断面尺寸，按照不同强度等级混凝土体积以立方米为单位计量； 2.护壁混凝土为桩基混凝土的附属工作，不另行计量	1.钻孔； 2.模板制作、安装、拆除； 3.护壁及桩身混凝土拌和、运输、浇筑、养护； 4.墙背回填、压实、排水措施施工； 5.清理现场
210-5	锚杆及拉杆			
-a	锚杆	kg	依据图纸所示位置，按照锚杆设计长度和规格计算质量以千克为单位计量	1.坡面清理； 2.钻孔； 3.制作安放锚杆； 4.灌浆； 5.拉拔试验； 6.锚固； 7.锚头处理
-b	拉杆	kg	依据图纸所示位置及，按照拉杆设计长度和规格计算质量以千克为单位计量	1.拉杆沟槽开挖、废方弃运； 2.拉杆制作、防锈处理、安装； 3.拉杆与肋柱、锚定板连接处的防锈处理； 4.锚头制作、防锈处理、防水封闭、养护
210-6	钢筋	kg	1.依据图纸所示及钢筋表所列钢筋质量以千克为单位计量； 2.固定钢筋的材料、定位架立钢筋、钢筋接头、吊装钢筋、钢板、铁丝作为钢筋作业的附属工作，不另行计量	1.钢筋的保护、储存及除锈； 2.钢筋整直、接头； 3.钢筋截断、弯曲； 4.钢筋安设、支承及固定

第211节　加筋土挡土墙

本节工程量清单项目分项计量规则应按表211的规定执行。

表 211　加筋土挡土墙

子目号	子目名称	单位	工程量计量	工程内容
211	加筋土挡土墙			
211-1	基础			
-a	浆砌片石基础	m³	依据图纸所示位置和断面尺寸,按图示不同强度等级水泥砂浆砌石体积以立方米为单位计量	1. 基坑开挖、清理、平整、夯实,废方弃运; 2. 拌、运砂浆; 3. 砌筑; 4. 养护; 5. 回填
-b	混凝土基础	m³	依据图纸所示位置和断面尺寸,按图示不同强度等级混凝土体积以立方米为单位计量	1. 基坑开挖、清理、平整、夯实; 2. 混凝土制作、运输; 3. 浇筑、振捣; 4. 养护; 5. 回填; 6. 清理现场
211-2	混凝土帽石			
-a	现浇帽石混凝土	m³	依据图纸所示断面尺寸,按照不同强度等级混凝土体积以立方米为单位计量	1. 模板制作、安装、拆除; 2. 混凝土拌和、运输、浇筑、养护; 3. 清理现场
211-3	预制安装混凝土墙面板	m³	1. 依据图纸所示位置及断面尺寸,按照不同强度等级混凝土体积以立方米为单位计量; 2. 加筋土挡土墙的路堤填料第204节计量	1. 沟槽开挖; 2. 预制场建设; 3. 预制件预制、运输、装卸; 4. 预制件安装; 5. 墙背回填(不含路堤填料的回填)及墙背排水系统施工; 6. 清理现场
211-4	加筋带			
-a	扁钢带	kg	依据图纸所示位置和断面尺寸,按铺设数量换算为质量以千克为单位计量	1. 场地清理; 2. 铺设加筋带; 3. 填料摊平; 4. 分层压实
-b	钢筋混凝土带	m³	1. 依据图纸所示位置和断面尺寸,按不同强度等级混凝土体积以立方米为单位计量; 2. 混凝土中的钢筋作为加筋带的附属工作,不另行计量	1. 场地清理; 2. 铺设加筋带; 3. 填料摊平; 4. 分层压实
-c	塑钢复合带	kg	依据图纸所示位置和断面尺寸,按铺设数量换算为质量以千克为单位计量	1. 场地清理; 2. 铺设加筋带; 3. 填料摊平; 4. 分层压实

子目号	子目名称	单位	工程量计量	工程内容
-d	塑料土工格栅	m²	1. 依据图纸所示位置和规格、型号,按土层中分层铺设土工格栅的累计净面积以平方米为单位计量; 2. 接缝的重叠面积和边缘的包裹面积不予计量	1. 场地清理; 2. 铺设加筋带; 3. 填料摊平; 4. 分层压实
-e	聚丙烯土工带	kg	依据图纸所示位置和断面尺寸,按铺设数量换算为质量以千克为单位计量	1. 场地清理; 2. 铺设加筋带; 3. 填料摊平; 4. 分层压实
211-5	钢筋	kg	1. 依据图纸所示及钢筋表所列钢筋质量以千克为单位计量; 2. 固定钢筋的材料、定位架立钢筋、钢筋接头、吊装钢筋、钢板、铁丝作为钢筋作业的附属工作,不另行计量; 3. 加筋带中的钢筋不另行计量	1. 钢筋的保护、储存及除锈; 2. 钢筋整直、接头; 3. 钢筋截断、弯曲; 4. 钢筋安设、支承及固定

第212节　喷射混凝土和喷浆边坡防护

本节工程量清单项目分项计量规则应按表212的规定执行。

表212　喷射混凝土和喷浆边坡防护

子目号	子目名称	单位	工程量计量	工程内容
212	喷射混凝土和喷浆边坡防护			
212-1	挂网土工格栅喷浆防护边坡			
-a	喷浆防护边坡	m²	依据图纸所示位置及砂浆强度等级,按照不同厚度喷浆防护面积以平方米为单位计量	1. 岩面清理; 2. 设备安装与拆除; 3. 水泥砂浆拌制; 4. 喷射; 5. 养护
-b	铁丝网	kg	1. 依据图纸所示位置,按照设计数量以千克为单位计量; 2. 因搭接而增加的铁丝网不予计量	1. 清理坡面; 2. 铁丝网安设、支承及固定
-c	土工格栅	m²	1. 依据图纸所示位置和规格、型号,按分层铺设土工格栅的累计净面积以平方米为单位计量; 2. 接缝的重叠面积和边缘的包裹面积不予计量	1. 清理坡面; 2. 铺设; 3. 接缝处理(搭接、缝接、粘接)

续上表

子目号	子目名称	单位	工程量计量	工程内容
-d	锚杆	kg	依据图纸所示位置,按照锚杆设计长度和规格计算质量以千克为单位计量	1. 清理坡面; 2. 钻孔; 3. 制作安放锚杆; 4. 灌浆
212-2	挂网锚喷混凝土防护边坡(全坡面)			
-a	喷射混凝土防护边坡	m²	依据图纸所示位置及混凝土浆强度等级,按照不同厚度喷射混凝土防护面积以平方米为单位计量	1. 岩面清理; 2. 设备安装与拆除; 3. 混凝土拌制; 4. 喷射; 5. 沉降缝设置; 6. 养护
-b	钢筋网	kg	1. 依据图纸所示位置,按照设计数量以千克为单位计量; 2. 因搭接而增加的钢筋网不予计量	1. 清理坡面; 2. 钢筋网安设、支承及固定
-c	铁丝网	kg	1. 依据图纸所示位置,按照设计数量以千克为单位计量; 2. 因搭接而增加的铁丝网不予计量	1. 清理坡面; 2. 铁丝网安设、支承及固定
-d	土工格栅	m²	1. 依据图纸所示位置和规格、型号,按分层铺设土工格栅的累计净面积以平方米为单位计量; 2. 接缝的重叠面积和边缘的包裹面积不予计量	1. 清理坡面; 2. 铺设; 3. 接缝处理(搭接、缝接、粘接)
-e	锚杆	kg	依据图纸所示位置,按照锚杆设计长度和规格计算质量以千克为单位计量	1. 清理坡面; 2. 钻孔; 3. 制作安放锚杆; 4. 灌浆
212-3	坡面防护			
-a	喷浆边坡防护	m²	依据图纸所示位置及砂浆强度等级,按照不同厚度喷浆防护面积以平方米为单位计量	1. 岩面清理; 2. 设备安装与拆除; 3. 水泥砂浆拌制; 4. 喷射; 5. 养护
-b	喷射混凝土边坡防护	m²	依据图纸所示位置及混凝土强度等级,按照不同厚度喷射混凝土面积以平方米为单位计量	1. 岩面清理; 2. 设备安装与拆除; 3. 混凝土拌制; 4. 喷射; 5. 养护

子目号	子目名称	单位	工程量计量	工程内容
212-4	土钉支护			
-a	钻孔注浆钉	m	依据图纸所示位置,按图示不同直径的土钉钻孔桩长度以米为单位计量	1. 清理坡面; 2. 钻孔; 3. 制作安放土钉钢筋; 4. 浆体配置、运输、注浆
-b	击入钉	kg	依据图纸所示位置,按图示击入金属钉的质量以千克为单位计量	1. 清理坡面; 2. 土钉制作; 3. 土钉击入
-c	喷射混凝土	m²	依据图纸所示位置及混凝土强度等级,按照不同厚度喷射混凝土面积以平方米为单位计量	1. 清理坡面; 2. 混凝土拌制; 3. 喷射混凝土; 4. 沉降缝设置; 5. 养护
-d	钢筋	kg	1. 依据图纸所示及钢筋表所列钢筋质量以千克为单位计量; 2. 固定钢筋的材料、定位架立钢筋、钢筋接头、铁丝作为钢筋作业的附属工作,不另行计量; 3. 土钉用钢材不予计量	1. 钢筋的保护、储存及除锈; 2. 钢筋整直、接头; 3. 钢筋截断、弯曲; 4. 钢筋安设、支承及固定
-e	钢筋网	kg	1. 依据图纸所示位置,按照设计数量以千克为单位计量; 2. 因搭接而增加的钢筋网不予计量	1. 清理坡面; 2. 钢筋网安设、支承及固定
-f	网格梁、立柱、挡土板	m³	依据图纸所示位置及断面尺寸,按照混凝土体积以立方米为单位计量	1. 边坡清理及土槽开挖; 2. 模板制作、安装、拆除; 3. 混凝土制作、运输、浇筑、养护; 4. 清理现场
-g	土工格栅	m²	1. 依据图纸所示位置和规格、型号,按分层铺设土工格栅的累计净面积以平方米为单位计量; 2. 接缝的重叠面积和边缘的包裹面积不予计量	1. 清理坡面; 2. 铺设; 3. 接缝处理(搭接、缝接、粘接)

第213节 预应力锚索边坡加固

本节工程量清单项目分项计量规则应按表213的规定执行。

表 213　预应力锚索边坡加固

子目号	子目名称	单位	工程量计量	工程内容
213	预应力锚索边坡加固			
213-1	预应力钢绞线	m	依据图纸所示位置和钢绞线规格,按照各类锚索锚固端底至锚具外侧的长度,以米为单位计量	1. 坡面清理; 2. 脚手架安设、拆除、完工清理和保养; 3. 钻孔、清孔; 4. 锚索成束、支架及导向头制作安装、锚固; 5. 浆液制备、注浆、养护; 6. 锚头防腐处理、封锚
213-2	无黏结预应力钢绞线	m	依据图纸所示位置和钢绞线规格,按照各类锚索锚固端底至锚具外侧的长度,以米为单位计量	1. 坡面清理; 2. 脚手架安设、拆除、完工清理和保养; 3. 钻孔、清孔; 4. 锚索成束、支架及导向头制作安装、锚固; 5. 浆液制备、注浆、养护; 6. 锚头防腐处理、封锚
213-3	锚杆			
-a	钢筋锚杆	kg	依据图纸所示位置和规格、型号,按照安装的锚杆质量以千克为单位计量	1. 坡面清理; 2. 脚手架安设、拆除、完工清理和保养; 3. 钻孔、清孔、套管装拔; 4. 锚杆制作、安装、锚固、锚头处理; 5. 浆液制备、注浆、养护
-b	预应力钢筋锚杆	kg	依据图纸所示位置和规格、型号,按照安装的锚杆质量以千克为单位计量	1. 坡面清理; 2. 脚手架安设、拆除、完工清理和保养; 3. 钻孔、清孔、套管装拔; 4. 锚杆制作、安装; 5. 浆液制备、一次注浆、锚固; 6. 张拉、二次注浆
213-4	混凝土框格梁	m³	依据图纸所示位置及断面尺寸,按照不同强度等级混凝土浇筑体积以立方米为单位计量	1. 边坡清理; 2. 模板制作、安装、拆除; 3. 混凝土制作、运输、浇筑、养护; 4. 清理现场
213-5	混凝土锚固板	m³	依据图纸所示位置及断面尺寸,按照不同强度等级混凝土浇筑体积以立方米为单位计量	1. 边坡清理; 2. 模板制作、安装、拆除; 3. 混凝土制作、运输、浇筑、养护; 4. 清理现场
213-6	钢筋	kg	1. 依据图纸所示及钢筋表所列钢筋质量以千克为单位计量; 2. 固定钢筋的材料、定位架立钢筋、钢筋接头、吊装钢筋、钢板、铁丝作为钢筋作业的附属工作,不另行计量	1. 钢筋的保护、储存及除锈; 2. 钢筋整直、接头; 3. 钢筋截断、弯曲; 4. 钢筋安设、支承及固定

第214节 抗滑桩

本节工程量清单项目分项计量规则应按表214的规定执行。

表214 抗 滑 桩

子目号	子目名称	单位	工程量计量	工程内容
214	抗滑桩			
214-1	现浇混凝土桩			
-a	混凝土	m³	1. 依据图纸所示位置及断面尺寸，按照不同强度等级混凝土体积以立方米为单位计量； 2. 护壁混凝土及护壁钢筋为桩基混凝土的附属工作，不另行计量； 3. 声测管为现浇混凝土桩的附属工作，不另行计量	1. 场地清理； 2. 成孔； 3. 模板制作、安装、拆除； 4. 护壁及桩身混凝土制作、运输、浇筑、养护； 5. 桩的无损检测； 6. 清理现场
214-2	桩板式抗滑挡墙			
-a	挡土板	m³	依据图纸所示位置及断面尺寸，按照不同强度等级混凝土体积以立方米为单位计量	1. 沟槽开挖； 2. 预制场建设； 3. 预制件预制、运输、装卸； 4. 预制件安装； 5. 墙背回填及墙背排水系统施工； 6. 清理现场
214-3	钢筋	kg	1. 依据图纸所示及钢筋表所列钢筋质量以千克为单位计量； 2. 固定钢筋的材料、定位架立钢筋、钢筋接头、吊装钢筋、钢板、铁丝作为钢筋作业的附属工作，不另行计量； 3. 抗滑桩的护壁钢筋不予计量	1. 钢筋的保护、储存及除锈； 2. 钢筋整直、接头； 3. 钢筋截断、弯曲； 4. 钢筋安设、支承及固定

第215节 河道防护

本节工程量清单项目分项计量规则应按表215的规定执行。

表215 河 道 防 护

子目号	子目名称	单位	工程量计量	工程内容
215	河道防护			
215-1	河床铺砌			
-a	浆砌片石铺砌	m³	依据图纸所示位置和断面尺寸，按图示不同强度等级水泥砂浆铺砌体积以立方米为单位计量	1. 临时排水； 2. 基坑开挖； 3. 拌、运砂浆； 4. 砌筑； 5. 养护； 6. 清理现场

子目号	子目名称	单位	工程量计量	工程内容
-b	混凝土铺砌	m³	依据图纸所示位置及断面尺寸，按照不同强度等级混凝土铺筑体积以立方米为单位计量	1.临时排水； 2.基坑开挖； 3.模板制作、安装、拆除； 4.混凝土拌和、运输、浇筑、养护； 5.清理现场
215-2	导流设施（护岸墙、顺坝、丁坝、调水坝、锥坡）			
-a	浆砌片石	m³	图纸所示位置和断面尺寸，按图示不同强度等级水泥砂浆砌石体积以立方米为单位计量	1.围堰、临时排水工程施工； 2.基坑修整、清理夯实，废方弃运； 3.拌、运砂浆； 4.砌筑、勾缝、抹面、养护； 5.墙背回填、夯实
-b	混凝土	m³	依据图纸所示位置及断面尺寸，按照不同强度等级混凝土浇筑体积以立方米为单位计量	1.围堰、临时排水工程施工； 2.基坑修整、清理夯实，废方弃运； 3.模板制作、安装、拆除、修理及保养； 4.混凝土制作、运输、浇筑、振捣、养护； 5.墙背回填、夯实
-c	石笼	m³	1.依据图纸所示位置和构造类型、结构尺寸，按照实际铺筑的石笼防护体积以立方米为单位计量； 2.石笼钢筋(铁丝)网片不另行计量，含在石笼报价之中	1.备材料及补助设施； 2.编织网片、装入块石、封闭成石笼； 3.抛到图纸指定处； 4.石笼间连接牢固
215-3	抛石防护	m³	依据图纸所示位置和断面尺寸，按照抛填石料体积以立方米为单位计量	1.移船定位； 2.抛填； 3.测量检查

第300章 路 面

第301节 通则

本节包括材料标准、路面施工的一般要求、材料取样与试验、试验路段、料场作业、拌和场场地硬化及遮雨棚、雨季施工。本节工作内容均不作计量,其所涉及的作业应包含在与其相关工程子目之中。

第302节 垫层

本节工程量清单项目分项计量规则应按表302的规定执行。

表302 垫 层

子目号	子目名称	单位	工程量计量	工程内容
302	垫层			
302-1	碎石垫层	m²	依据图纸所示压实厚度,按照铺筑的顶面面积以平方米为单位计量	1.检查、清除路基上的浮土、杂物,并洒水湿润; 2.摊铺; 3.整平、整型; 4.洒水、碾压、整修
302-2	砂砾垫层	m²	依据图纸所示压实厚度,按照铺筑的顶面面积以平方米为单位计量	1.检查、清除路基上的浮土、杂物,并洒水湿润; 2.摊铺; 3.整平、整型; 4.洒水、碾压、整修
302-3	水泥稳定土垫层	m²	依据图纸所示压实厚度,按照铺筑的顶面面积以平方米为单位计量	1.检查、清除路基上的浮土、杂物,并洒水湿润; 2.拌和、运输、摊铺; 3.整平、整型; 4.洒水、碾压、整修、初期养护
302-4	石灰稳定土垫层	m²	依据图纸所示压实厚度,按照铺筑的顶面面积以平方米为单位计量	1.检查、清除路基上的浮土、杂物,并洒水湿润; 2.拌和、运输、摊铺; 3.整平、整型; 4.洒水、碾压、整修、初期养护

第303节 石灰稳定土底基层、基层

本节工程量清单项目分项计量规则应按表303的规定执行。

表303 石灰稳定土底基层、基层

子目号	子目名称	单位	工程量计量	工程内容
303	石灰稳定土底基层、基层			
303-1	石灰稳定土底基层	m²	依据图纸所示压实厚度,按照铺筑的顶面面积以平方米为单位计量	1.检查、清理下承层、洒水； 2.拌和、运输、摊铺； 3.整平、整型； 4.洒水、碾压、初期养护
303-2	搭板、埋板下石灰稳定土底基层	m³	依据图纸所示尺寸、范围,按照铺筑体积以立方米为单位计量	1.检查、清理下承层、洒水； 2.拌和、运输、摊铺； 3.整平、整型； 4.洒水、碾压、初期养护
303-3	石灰稳定土基层	m²	依据图纸所示压实厚度,按照铺筑的顶面面积以平方米为单位计量	1.检查、清理下承层、洒水； 2.拌和、运输、摊铺； 3.整平、整型； 4.洒水、碾压、初期养护

第304节 水泥稳定土底基层、基层

本节工程量清单项目分项计量规则应按表304的规定执行。

表304 水泥稳定土底基层、基层

子目号	子目名称	单位	工程量计量	工程内容
304	水泥稳定土底基层、基层			
304-1	水泥稳定土底基层	m²	依据图纸所示压实厚度,按照铺筑的顶面面积以平方米为单位计量	1.检查、清理下承层、洒水； 2.拌和、运输、摊铺； 3.整平、整型； 4.洒水、碾压、初期养护
304-2	搭板、埋板下水泥稳定土底基层	m³	依据图纸所示尺寸、范围,按照铺筑体积以立方米为单位计量	1.检查、清理下承层、洒水； 2.拌和、运输、摊铺； 3.整平、整型； 4.洒水、碾压、初期养护
304-3	水泥稳定土基层	m²	依据图纸所示压实厚度,按照铺筑的顶面面积以平方米为单位计量	1.检查、清理下承层、洒水； 2.拌和、运输、摊铺； 3.整平、整型； 4.洒水、碾压、初期养护

第305节 石灰粉煤灰稳定土底基层、基层

本节工程量清单项目分项计量规则应按表305的规定执行。

表 305　石灰粉煤灰稳定土底基层、基层

子目号	子目名称	单位	工程量计量	工程内容
305	石灰粉煤灰稳定土底基层、基层			
305-1	石灰粉煤灰稳定土底基层	m²	依据图纸所示压实厚度,按照铺筑的顶面面积以平方米为单位计量	1.检查、清理下承层、洒水; 2.拌和、运输、摊铺; 3.整平、整型; 4.洒水、碾压、初期养护
305-2	搭板、埋板下石灰粉煤灰稳定土底基层	m³	依据图纸所示尺寸、范围,按照铺筑体积以立方米为单位计量	1.检查、清理下承层、洒水; 2.铺筑材料拌和、运输、摊铺; 3.整平、整型; 4.洒水、碾压、初期养护
305-3	石灰粉煤灰稳定土基层	m²	依据图纸所示压实厚度,按照铺筑的顶面面积以平方米为单位计量	1.检查、清理下承层、洒水; 2.铺筑材料拌和、运输、摊铺; 3.整平、整型; 4.洒水、碾压、初期养护
305-4	石灰煤渣稳定土基层	m²	依据图纸所示压实厚度,按照铺筑的顶面面积以平方米为单位计量	1.检查、清理下承层、洒水; 2.铺筑材料拌和、运输、摊铺; 3.整平、整型; 4.洒水、碾压、初期养护

第 306 节　级配碎(砾)石底基层、基层

本节工程量清单项目分项计量规则应按表 306 的规定执行。

表 306　级配碎(砾)石底基层、基层

子目号	子目名称	单位	工程量计量	工程内容
306	级配碎(砾)石底基层、基层			
306-1	级配碎石底基层	m²	依据图纸所示压实厚度,按照铺筑的顶面面积以平方米为单位计量	1.检查、清理下承层、洒水; 2.铺筑材料拌和、运输、摊铺; 3.整平、整型; 4.洒水、碾压
306-2	搭板、埋板下级配碎石底基层	m³	依据图纸所示尺寸、范围,按照铺筑体积以立方米为单位计量	1.检查、清理下承层、洒水; 2.铺筑材料拌和、摊铺; 3.整平、整型; 4.洒水、碾压
306-3	级配碎石基层	m²	依据图纸所示压实厚度,按照铺筑的顶面面积以平方米为单位计量	1.检查、清理下承层、洒水; 2.铺筑材料拌和、运输、摊铺; 3.整平、整型; 4.洒水、碾压
306-4	级配碎砾石底基层	m²	依据图纸所示压实厚度,按照铺筑的顶面面积以平方米为单位计量	1.检查、清理下承层、洒水; 2.铺筑材料拌和、运输、摊铺; 3.整平、整型; 4.洒水、碾压

子目号	子目名称	单位	工程量计量	工程内容
306-5	搭板、埋板下级配砾石底基层	m³	依据图纸所示尺寸、范围,按照铺筑体积以立方米为单位计量	1.检查、清理下承层、洒水; 2.铺筑材料拌和、运输、摊铺; 3.整平、整型; 4.洒水、碾压
306-6	级配砾石基层	m²	依据图纸所示压实厚度,按照铺筑的顶面面积以平方米为单位计量	1.检查、清理下承层、洒水; 2.铺筑材料拌和、运输、摊铺; 3.整平、整型; 4.洒水、碾压

第 307 节　沥青稳定碎石基层(ATB)

本节工程量清单项目分项计量规则应按表 307 的规定执行。

表 307　沥青稳定碎石基层(ATB)

子目号	子目名称	单位	工程量计量	工程内容
307	沥青稳定碎石基层(ATB)			
307-1	沥青稳定碎石基层(ATB)	m²	依据图纸所示级配类型、铺筑压实厚度,按照铺筑的顶面面积以平方米为单位计量	1.检查和清理下承层; 2.拌和设备安装、调试、拆除; 3.沥青铺筑材料加热、保温、输送,配运料,矿料加热烘干,拌和、出料; 4.运输、摊铺、压实、成型; 5.接缝; 6.初期养护

第 308 节　透层和黏层

本节工程量清单项目分项计量规则应按表 308 的规定执行。

表 308　透层和黏层

子目号	子目名称	单位	工程量计量	工程内容
308	透层和黏层			
308-1	透层	m²	依据图纸所示沥青品种、规格、喷油量,按照洒布面积以平方米为单位计量	1.检查和清扫下承层; 2.材料制备、运输; 3.试洒; 4.沥青洒布车均匀喷洒并检测洒布用量; 5.初期养护
308-2	黏层	m²	依据图纸所示沥青品种、规格、喷油量,按照洒布面积以平方米为单位计量	1.检查和清扫下承层; 2.材料制备、运输; 3.试洒; 4.沥青洒布车均匀喷洒并检测洒布用量; 5.初期养护

第 309 节　热拌沥青混合料面层

本节工程量清单项目分项计量规则应按表 309 的规定执行。

表 309　热拌沥青混合料面层

子目号	子目名称	单位	工程量计量	工程内容
309	热拌沥青混合料面层			
309-1	细粒式沥青混凝土	m²	依据图纸所示级配类型及铺筑压实厚度,按照铺筑的顶面面积以平方米为单位计量	1. 检查和清理下承层; 2. 拌和设备安装、调试、拆除; 3. 沥青加热、保温、输送,配运料,矿料加热烘干、拌和、出料; 4. 运输、摊铺、碾压、成型; 5. 接缝; 6. 初期养护
309-2	中粒式沥青混凝土	m²	依据图纸所示级配类型及铺筑压实厚度,按照铺筑的顶面面积以平方米为单位计量	1. 检查和清理下承层; 2. 拌和设备安装、调试、拆除; 3. 沥青加热、保温、输送,配运料,矿料加热烘干、拌和、出料; 4. 运输、摊铺、碾压、成型; 5. 接缝; 6. 初期养护
309-3	粗粒式沥青混凝土	m²	依据图纸所示级配类型及铺筑压实厚度,按照铺筑的顶面面积以平方米为单位计量	1. 检查和清理下承层; 2. 拌和设备安装、调试、拆除; 3. 沥青加热、保温、输送,配运料,矿料加热烘干、拌和、出料; 4. 运输、摊铺、碾压、成型; 5. 接缝; 6. 初期养护

第 310 节　沥青表面处置与封层

本节工程量清单项目分项计量规则应按表 310 的规定执行。

表310　沥青表面处置与封层

子目号	子目名称	单位	工程量计量	工程内容
310	沥青表面处置与封层			
310-1	沥青表面处置	m²	依据图纸所示沥青种类、厚度、喷油量,按照沥青表面处置面积以平方米为单位计量	1.检查和清理下承层; 2.安拆熬油设备; 3.熬油、运油; 4.沥青洒布车洒油; 5.整型、碾压、找补; 6.初期养护
310-2	封层	m²	依据图纸所示沥青种类、厚度,按照封层面积以平方米为单位计量	1.检查和清扫下承层; 2.试验段施工; 3.专用设备洒布或施工封层; 4.整型、碾压、找补; 5.初期养护

第311节　改性沥青及改性沥青混合料

本节工程量清单项目分项计量规则应按表311的规定执行。

表311　改性沥青及改性沥青混合料

子目号	子目名称	单位	工程量计量	工程内容
311	改性沥青及改性沥青混合料			
311-1	细粒式改性沥青混合料路面	m²	依据图纸所示级配类型及压实厚度,按照铺筑的顶面面积以平方米为单位计量	1.检查和清理下承层; 2.拌和设备安装、调试、拆除; 3.改性沥青混合料生产; 4.混合料运输、摊铺、碾压、成型; 5.接缝; 6.初期养护
311-2	中粒式改性沥青混合料路面	m²	依据图纸所示级配类型及压实厚度,按照铺筑的顶面面积以平方米为单位计量	1.检查和清理下承层; 2.拌和设备安装、调试、拆除; 3.改性沥青混合料生产; 4.混合料运输、摊铺、碾压、成型; 5.接缝; 6.初期养护
311-3	SMA路面	m²	依据图纸所示级配类型及压实厚度,按照铺筑的顶面面积以平方米为单位计量	1.检查和清理下承层; 2.拌和设备安装、调试、拆除; 3.改性沥青混合料生产; 4.混合料运输、摊铺、碾压、成型; 5.接缝; 6.初期养护

第312节　水泥混凝土面板

本节工程量清单项目分项计量规则应按表312的规定执行。

表312　水泥混凝土面板

子目号	子目名称	单位	工程量计量	工程内容
312	水泥混凝土面板			
312-1	水泥混凝土面板	m³	依据图纸所示厚度和混凝土强度等级,按照铺筑体积以立方米为单位计量	1.检查和清理下承层、洒水湿润; 2.模板制作、架设、安装、修理、拆除; 3.混凝土拌和物配合比设计、配料、拌和、运输、浇筑、振捣、真空吸水、抹平、压(刻)纹、养护; 4.切缝、灌缝; 5.初期养护
312-2	钢筋	kg	1.依据图纸所示水泥混凝土路面钢筋按图示质量以千克为单位计量; 2.因搭接而增加的钢筋作为附属工作,不另行计量	1.钢筋的保护、储存及除锈; 2.钢筋整直、连接; 3.钢筋截断、弯曲; 4.钢筋安设、支承及固定

第313节　路肩培土、中央分隔带回填土、土路肩加固及路缘石

本节工程量清单项目分项计量规则应按表313的规定执行。

表313　路肩培土、中央分隔带回填土、土路肩加固及路缘石

子目号	子目名称	单位	工程量计量	工程内容
313	路肩培土、中央分隔带回填土、土路肩加固及路缘石			
313-1	路肩培土	m³	依据图纸所示断面尺寸,按照压实体积以立方米为单位计量	1.挖运土; 2.路基整修、培土、整型; 3.分层填筑、压实; 4.修整路肩横坡
313-2	中央分隔带回填土	m³	依据图纸所示断面尺寸,按照压实体积以立方米为单位计量	1.挖运土; 2.路基整修、培土、整型; 3.分层填筑、压实
313-3	现浇混凝土加固土路肩	m³	依据图纸所示断面尺寸和混凝土强度等级,按照浇筑体积以立方米为单位计量	1.路基整修; 2.模板制作、安装、拆除、修理、涂脱模剂; 3.混凝土拌和、制备、运输、摊铺、振捣、养护

子目号	子目名称	单位	工程量计量	工程内容
313-4	混凝土预制块加固土路肩	m³	依据图纸所示断面尺寸和混凝土强度等级,按照预制安装体积以立方米为单位计量	1. 预制场地平整、硬化处理; 2. 预制块预制、装运; 3. 路基整修; 4. 预制块铺砌、勾缝
313-5	混凝土预制块路缘石	m³	依据图纸所示断面尺寸和混凝土强度等级,按照预制安装体积以立方米为单位计量	1. 预制场地平整、硬化处理; 2. 路缘石预制、装运; 3. 路基整修、基槽开挖与回填,废方弃运; 4. 基槽夯实; 5. 路缘石铺砌、勾缝; 6. 路缘石后背回填夯实

第314节　路面及中央分隔带排水

本节工程量清单项目分项计量规则应按表314的规定执行。

表314　路面及中央分隔带排水

子目号	子目名称	单位	工程量计量	工程内容
314	路面及中央分隔带排水			
314-1	排水管	m	依据图纸所示位置,分不同类型及规格,按埋设管长以米为单位计量	1. 基槽开挖填筑、废方弃运; 2. 垫层(基础)铺筑; 3. 排水管制作; 4. 安放排水管; 5. 接头处理; 6. 回填、压实; 7. 出水口处理
314-2	纵向雨水沟(管)	m	依据图纸所示位置,分不同类型及规格,按埋设长度以米为单位计量	1. 基槽开挖、废方弃运; 2. 垫层(基础)铺筑; 3. 模板制作、安装、拆除、修理; 4. 钢筋制作与安装; 5. 盖板预制及安装; 6. 混凝土拌和、运输、浇筑; 7. 养护; 8. 安放排水管; 9. 接头处理; 10. 回填、压实; 11. 出水口处理
314-3	集水井	座	依据图纸所示位置,分不同类型及规格,按设置的集水井数量,以座为单位计量	1. 基坑开挖及废方弃运; 2. 地基平整夯实,垫层及基础施工; 3. 模板制作、安装、拆除、修理; 4. 钢筋制作与安装; 5. 混凝土拌和、运输、浇筑、养护; 6. 井壁外围回填、夯实

续上表

子目号	子目名称	单位	工程量计量	工程内容
314-4	中央分隔带渗沟	m	依据图纸所示位置,分不同类型,按埋设长度以米为单位计量	1. 基槽开挖、废方弃运; 2. 垫层(基础)铺筑; 3. 制管、打孔; 4. 安放排水管; 5. 接头处理; 6. 填碎石、铺设土工布; 7. 回填、压实
314-5	沥青油毡防水层	m²	依据图纸所示位置,按铺设的防水层面积以平方米为单位计量	1. 下承层清理; 2. 喷涂黏结层; 3. 铺油毡; 4. 接缝处理
314-6	路肩排水沟	m	依据图纸所示位置及断面尺寸,按照不同类型的路肩排水沟的长度,以米为单位计量	1. 场地清理; 2. 地基平整夯实,排水沟断面补挖; 3. 铺设垫层; 4. 模板制作、安装、拆除; 5. 钢筋制作、安装; 6. 混凝土拌和、运输、浇筑、养护; 7. 预制件预制(现浇)、运输、装卸、安装; 8. 回填、清理
314-7	拦水带	m	依据图纸所示位置及断面尺寸,分不同类型,按照拦水带长度,以米为单位计量	1. 混凝土制作,运输,浇筑,振捣,养护,拆模,刷漆; 2. 开槽; 3. 预制块装运,安装、接缝防漏处理; 4. 沥青混凝土配运料、拌和、运输、摊铺、压实、成型、初期养护; 5. 清理

第 400 章　桥梁、涵洞

第 401 节　通则

本节工程量清单项目分项计量规则应按表 401 的规定执行。

表 401　通　则

子目号	子目名称	单位	工程量计量	工程内容
401	通则			
401-1	桥梁荷载试验（暂估价）	总额	依据图纸及桥梁荷载试验委托合同中约定的试验项目以暂估价形式按总额为单位计量	1. 选择有资质的单位签订桥梁荷载试验委托合同； 2. 按图纸所示及合同约定的测试项目现场试验； 3. 数据采集、分析、编写提交试验报告
401-2	桥梁施工监控（暂估价）	总额	依据图纸及桥梁施工监控委托合同中约定的监控量测项目以暂估价形式按总额为单位计量	1. 选择有资质的单位签订桥梁施工监控委托合同； 2. 按图纸所示及合同约定的测试项目及量测频率对现场实施监控量测； 3. 数据采集、分析、编写提交监控量测报告
401-3	地质钻探及取样试验（暂定工程量）	m	按实际发生的地质钻探及取样试验分不同钻径以米为单位计量	1. 场地清理； 2. 钻机安拆、钻探； 3. 取样、试验

第 402 节　模板、拱架和支架

本节包括模板、拱架和支架的设计制作、安装、拆卸施工等有关作业。本节工作作为有关工程的附属工作,均不作计量。

第 403 节　钢筋

本节工程量清单项目分项计量规则应按表 403 的规定执行。

表 403　钢　筋

子目号	子目名称	单位	工程量计量	工程内容
403	钢筋			
403-1	基础钢筋（含灌注桩、承台、桩系梁、沉桩、沉井等）	kg	1. 依据图纸所示及钢筋表所列钢筋质量以千克为单位计量； 2. 固定钢筋的材料、定位架立钢筋、钢筋接头、吊装钢筋、钢板、铁丝作为钢筋作业的附属工作,不另行计量	1. 钢筋的保护、储存及除锈； 2. 钢筋整直、接头； 3. 钢筋截断、弯曲； 4. 钢筋安设、支承及固定

子目号	子目名称	单位	工程量计量	工程内容
403-2	下部结构钢筋	kg	1. 依据图纸所示及钢筋表所列钢筋质量以千克为单位计量; 2. 固定钢筋的材料、定位架立钢筋、钢筋接头、吊装钢筋、钢板、铁丝作为钢筋作业的附属工作,不另行计量	1. 钢筋的保护、储存及除锈; 2. 钢筋整直、接头; 3. 钢筋截断、弯曲; 4. 钢筋安设、支承及固定
403-3	上部结构钢筋	kg	1. 依据图纸所示及钢筋表所列钢筋质量以千克为单位计量; 2. 固定钢筋的材料、定位架立钢筋、钢筋接头、吊装钢筋、钢板、铁丝作为钢筋作业的附属工作,不另行计量	1. 钢筋的保护、储存及除锈; 2. 钢筋整直、接头; 3. 钢筋截断、弯曲; 4. 钢筋安设、支承及固定
403-4	附属结构钢筋	kg	1. 依据图纸所示及钢筋表所列钢筋质量以千克为单位计量; 2. 缘石、人行道、防撞墙、栏杆、桥头搭板、枕梁、抗震挡块、支座垫块等构造物,其所用钢筋以及伸缩缝预埋的钢筋,均列入本子目计量; 3. 固定钢筋的材料、定位架立钢筋、钢筋接头、吊装钢筋、钢板、铁丝作为钢筋作业的附属工作,不另行计量	1. 钢筋的保护、储存及除锈; 2. 钢筋整直、接头; 3. 钢筋截断、弯曲; 4. 钢筋安设、支承及固定

第 404 节 基坑开挖及回填

本节工程量清单项目分项计量规则应按表 404 的规定执行。

表 404 基坑开挖及回填

子目号	子目名称	单位	工程量计量	工程内容
404	基坑开挖及回填			
404-1	干处挖土方	m³	1. 根据图示,取用底、顶面间平均高度的棱柱体体积,分别按干处、水下及土、石,以立方米为单位计量; 2. 在地下水位以上开挖的为干处挖方;在地下水位以下开挖的为水下挖方;	1. 场地清理; 2. 围堰、排水; 3. 基坑开挖; 4. 基坑支护; 5. 基坑检查、修整; 6. 基坑回填、压实; 7. 弃方清运
404-2	水下挖土方	m³		
404-3	干处挖石方	m³	3. 基坑底面、顶面及侧面的确定应符合下列规定: 　a. 基坑开挖底面:按图纸所示的基底高程线计算; 　b. 基坑开挖顶面:按设计图纸横断面上所标示的原地面线计算; 　c. 基坑开挖侧面:按顶面到底面,以超出基底周边 0.5m 的竖直面为界	1. 场地清理; 2. 围堰、排水; 3. 钻爆; 4. 出渣; 5. 基坑支护; 6. 基坑检查、修整; 7. 基坑回填、压实; 8. 弃方清运
404-4	水下挖石方	m³		

第405节　钻孔灌注桩

本节工程量清单项目分项计量规则应按表405的规定执行。

表405　钻 孔 灌 注 桩

子目号	子目名称	单位	工程量计量	工程内容
405	钻孔灌注桩			
405-1	钻孔灌注桩			
-a	陆上钻孔灌注桩	m	1.依据图纸所示桩长及混凝土强度等级,按照不同桩径的桩长以米为单位计量; 2.施工图设计水深小于2m(含2m)的为陆上钻孔灌注桩; 3.桩长为桩底高程至承台底面或系梁底面。对于与桩连为一体的柱式墩台,如无承台或系梁时,则以桩位处原始地面线为分界线,地面线以下部分为灌注桩桩长。若图纸有标示的,按图纸标示为准	1.安设护筒及设置钻孔平台; 2.钻机安拆、就位; 3.钻孔、成孔、成孔检查; 4.安装声测管; 5.混凝土制拌、运输、浇筑; 6.破桩头; 7.按招标文件技术规范第405.11小节的规定进行桩基检测
-b	水中钻孔灌注桩	m	1.依据图纸所示桩长及混凝土强度等级,按照不同桩径的桩长以米为单位计量; 2.施工图设计水深大于2m的为水中钻孔灌注桩; 3.桩长为桩底高程至承台底面或系梁底面。对于与桩连为一体的柱式墩台,如无承台或系梁时,则以桩位处原始地面线为分界线,地面线以下部分为灌注桩桩长。若图纸有标示的,按图纸标示为准	1.搭设水中钻孔平台、筑岛或围堰、横向便道; 2.钻机安拆、就位; 3.钻孔、成孔、成孔检查; 4.安装声测管; 5.混凝土制拌、运输、浇筑; 6.破桩头; 7.按招标文件技术规范第405.11小节的规定进行桩基检测
405-2	钻取混凝土芯样检测(暂定工程量)	m	1.按实际钻取的混凝土芯样长度,分不同钻径以米为单位计量; 2.如混凝土质量合格,钻取的芯样给予计量,否则,不予计量	1.场地清理; 2.钻机安拆、钻芯; 3.取样、试验
405-3	破坏荷载试验用桩(暂定工程量)	m	依据图纸所示桩长及混凝土强度等级,按照不同桩径的桩长以米为单位计量	1.钻孔平台搭设、筑岛或围堰; 2.钻机安拆、就位; 3.钻孔、成孔、成孔检查; 4.安装声测管; 5.混凝土制拌、运输、浇筑; 6.破桩头

第406节 沉桩

本节工程量清单项目分项计量规则应按表406的规定执行。

表406 沉 桩

子目号	子目名称	单位	工程量计量	工程内容
406	沉桩			
406-1	钢筋混凝土沉桩	m	依据图纸所示桩长及混凝土强度等级,按照不同桩径的桩长以米为单位计量	1.钢筋混凝土桩预制、养护、移运、沉入、桩头处理; 2.锤击、射水、接桩
406-2	预应力混凝土沉桩	m	依据图纸所示桩长及混凝土强度等级,按照不同桩径的桩长以米为单位计量	1.预应力混凝土桩预制、养护、移运、沉入、桩头处理; 2.锤击、射水、接桩
406-3	试桩(暂定工程量)	m	依据图纸所示桩长及混凝土强度等级,按照不同桩径的桩长以米为单位计量	1.钢筋混凝土或预应力混凝土桩预制、养护、移运、沉入、桩头处理; 2.锤击、射水、接桩

第407节 挖孔灌注桩

本节工程量清单项目分项计量规则应按表407的规定执行。

表407 挖孔灌注桩

子目号	子目名称	单位	工程量计量	工程内容
407	挖孔灌注桩			
407-1	挖孔灌注桩	m	1.依据图纸所示桩长及混凝土强度等级,按照不同桩径的桩长以米为单位计量; 2.桩长为桩底高程至承台底面或系梁底面。对于与桩连为一体的柱式墩台,如无承台或系梁时,则以桩位处原始地面线为分界线,地面线以下部分为灌注桩桩长,若图纸有标示的,按图纸标示为准	1.设置支撑与护壁; 2.挖孔、清孔、通风、钎探、排水; 3.安装声测管; 4.混凝土制拌、运输、浇筑; 5.破桩头; 6.按招标文件技术规范第405.11小节的规定进行桩基检测
407-2	钻取混凝土芯样检测(暂定工程量)	m	1.按实际钻取的混凝土芯样长度,分不同钻径以米为单位计量; 2.如混凝土质量合格,钻取的芯样给予计量,否则,不予计量	1.场地清理; 2.钻机安拆、钻芯; 3.取样、试验
407-3	破坏荷载试验用桩(暂定工程量)	m	依据图纸所示桩长及混凝土强度等级,按照不同桩径的桩长以米为单位计量	1.设置支撑与护壁; 2.挖孔、清孔、通风、钎探、排水; 3.安装声测管; 4.混凝土制拌、运输、浇筑; 5.破桩头

第 408 节 桩的垂直静荷载试验

本节工程量清单项目分项计量规则应按表 408 的规定执行。

表 408 桩的垂直静荷载试验

子目号	子目名称	单位	工程量计量	工程内容
408	桩的垂直静荷载试验			
408-1	桩的检验荷载试验(暂定工程量)	每一试桩	1. 依据图纸及桩的检验荷载试验委托合同,在图纸所示位置现场进行桩的检验荷载试验,按实际进行检验荷载试验的桩数,分不同的桩径、桩长、混凝土强度等级、检验荷载等级以每一试桩为单位计量; 2. 桩的检验荷载试验仅指荷载试验工作;桩的工程量在对应工程结构中计量	1. 选择有资质的单位签订桩的检验荷载试验委托合同; 2. 按图纸所示及合同约定的内容现场进行桩的检验荷载试验(包括清理场地、搭设试桩工作台、埋设观测设备、加载、卸载、观测); 3. 数据采集、分析、编写提交桩的检验荷载试验报告
408-2	桩的破坏荷载试验(暂定工程量)	每一试桩	1. 依据图纸及桩的破坏荷载试验委托合同,在图纸所示位置现场进行桩的破坏荷载试验,按实际进行破坏荷载试验的桩数,分不同的桩径、桩长、混凝土强度等级、破坏荷载等级以每一试桩为单位计量; 2. 桩的破坏荷载试验仅指荷载试验工作;桩的工程量在对应工程结构中计量	1. 选择有资质的单位签订桩的破坏荷载试验委托合同; 2. 按图纸所示及合同约定的内容现场进行桩的破坏荷载试验(包括清理场地、搭设试桩工作台、埋设观测设备、加载、卸载、观测); 3. 数据采集、分析、编写提交桩的破坏荷载试验报告

第 409 节 沉井

本节工程量清单项目分项计量规则应按表 409 的规定执行。

表 409 沉井

子目号	子目名称	单位	工程量计量	工程内容
409	沉井			
409-1	钢筋混凝土沉井			
-a	井壁混凝土	m³	依据图纸所示位置及尺寸,按图示混凝土体积分不同强度等级以立方米为单位计量	1. 制作场地建设; 2. 配、拌、运混凝土; 3. 刃脚制作,浇筑、振捣、养护井壁混凝土; 4. 浮运、定位、下沉、助沉、接高、拼装; 5. 井内土石开挖、弃运
-b	封底混凝土	m³	依据图纸所示位置及尺寸,按图示混凝土体积分不同强度等级以立方米为单位计量	1. 场地清理; 2. 搭拆作业平台; 3. 配、拌、运混凝土; 4. 浇筑、养护
-c	填芯混凝土	m³		
-d	顶板混凝土	m³		

第 410 节　结构混凝土工程

本节工程量清单项目分项计量规则应按表 410 的规定执行。

表 410　结构混凝土工程

子目号	子目名称	单位	工程量计量	工程内容
410	结构混凝土工程			
410-1	混凝土基础（包括支撑梁、桩基承台、桩系梁，但不包括桩基）	m³	依据图纸所示体积分不同强度等级以立方米为单位计量	1. 场地清理； 2. 搭拆作业平台； 3. 安拆套箱或模板；安设预埋件； 4. 混凝土配运料、拌和、运输、浇筑、振捣、养护； 5. 施工缝、沉降缝设置处理； 6. 混凝土的冷却管制作安装，通水、降温； 7. 防水、防冻、防腐措施
410-2	混凝土下部结构			
-a	桥台混凝土	m³	1. 依据图纸所示体积分不同强度等级以立方米为单位计量； 2. 直径小于200mm的管子、钢筋、锚固件、管道、泄水孔或桩所占混凝土体积不予扣除	1. 场地清理； 2. 搭拆作业平台、支架； 3. 安拆模板；安设预埋件（包括支座预埋件、防震锚栓及套筒等）； 4. 混凝土配运料、拌和、运输、浇筑、振捣、养护； 5. 施工缝、沉降缝设置处理； 6. 防水、防冻、防腐措施
-b	桥墩混凝土	m³	1. 依据图纸所示体积分不同强度等级以立方米为单位计量； 2. 直径小于200mm的管子、钢筋、锚固件、管道、泄水孔或桩所占混凝土体积不予扣除	1. 场地清理； 2. 搭拆作业平台、支架； 3. 安拆模板；安设预埋件（包括支座预埋件、防震锚栓及套筒等）； 4. 混凝土配运料、拌和、运输、浇筑、振捣、养护； 5. 防水、防冻、防腐措施
-c	盖梁混凝土	m³	1. 依据图纸所示体积分不同强度等级以立方米为单位计量； 2. 直径小于200mm的管子、钢筋、锚固件、管道、泄水孔或桩所占混凝土体积不予扣除； 3. 墩梁固结混凝土计入本子目。桥墩上的支座垫石、防震挡块混凝土计入附属结构混凝土	1. 场地清理； 2. 搭拆作业平台、支架； 3. 安拆模板；安设预埋件（包括支座预埋件、防震锚栓及套筒等）； 4. 混凝土配运料、拌和、运输、浇筑、振捣、养护

续上表

子目号	子目名称	单位	工程量计量	工程内容
-d	台帽混凝土	m³	1.依据图纸所示体积分不同强度等级以立方米为单位计量； 2.直径小于200mm的管子、钢筋、锚固件、管道、泄水孔或桩所占混凝土体积不予扣除； 3.耳背墙混凝土计入本子目。桥台上的支座垫石、防震挡块混凝土计入附属结构混凝土	1.场地清理； 2.搭拆作业平台、支架； 3.安装模板；安设预埋件（包括支座预埋件、防震锚栓及套筒等）； 4.混凝土配运料、拌和、运输、浇筑、振捣、养护
410-3	现浇混凝土上部结构	m³	1.依据图纸所示体积分不同强度等级以立方米为单位计量； 2.直径小于200mm的管子、钢筋、锚固件、管道、泄水孔或桩所占混凝土体积不予扣除	1.平整场地； 2.搭拆工作平台； 3.支架搭设、预压与拆除； 4.安装模板；安设预埋件； 5.混凝土配运料、拌和、运输、浇筑、养护； 6.施工缝、伸缩缝设置处理
410-4	预制混凝土上部结构	m³	1.依据图纸所示体积分不同强度等级以立方米为单位计量； 2.直径小于200mm的管子、钢筋、锚固件、管道、泄水孔或桩所占混凝土体积不予扣除	1.搭拆工作平台； 2.安拆模板；安设预埋件（吊环、预埋连接件）； 3.混凝土配运料、拌和、运输、浇筑、养护； 4.构件预制、运输、安装
410-5	桥梁上部结构现浇整体化混凝土	m³	1.依据图纸所示体积分不同强度等级以立方米为单位计量； 2.直径小于200mm的管子、钢筋、锚固件、管道、泄水孔或桩所占混凝土体积不予扣除； 3.绞缝、湿接缝、先简支后连续现浇接头混凝土计入本子目	1.工作面清理； 2.搭拆作业平台； 3.安拆支架、模板； 4.混凝土配运料、拌和、运输、浇筑、养护
410-6	现浇混凝土附属结构	m³	1.依据图纸所示体积分不同强度等级以立方米为单位计量； 2.直径小于200mm的管子、钢筋、锚固件、管道、泄水孔或桩所占混凝土体积不予扣除； 3.现浇缘石、人行道、防撞墙、栏杆、护栏、桥头搭板、枕梁、抗震挡块、支座垫石等列入本子目	1.工作面清理； 2.搭拆作业平台； 3.安拆支架、模板； 4.混凝土配运料、拌和、运输、浇筑、养护
410-7	预制混凝土附属结构	m³	1.依据图纸所示体积分不同强度等级以立方米为单位计量； 2.直径小于200mm的管子、钢筋、锚固件、管道、泄水孔或桩所占混凝土体积不予扣除； 3.预制安装缘石、人行道、防撞墙、栏杆、护栏、桥头搭板、枕梁、抗震挡块、支座垫石等列入本子目	1.预制场地建设、拆除； 2.搭拆工作平台； 3.安拆模板； 4.混凝土配运料、拌和、运输、浇筑、养护； 5.构件预制、运输、安装

第411节　预应力混凝土工程

本节工程量清单项目分项计量规则应按表411的规定执行。

表411　预应力混凝土工程

子目号	子目名称	单位	工程量计量	工程内容
411	预应力混凝土工程			
411-1	先张法预应力钢丝	kg	1.依据图纸所示构件长度计算的预应力钢材质量,分不同材质以千克为单位计量; 2.除上述计算长度以外的锚固长度及工作长度的预应力钢材含入相应预应力钢材报价之中,不另行计量	1.制作安装预应力钢材; 2.制作安装管道; 3.安装锚具、锚板; 4.张拉; 5.放张; 6.封锚头
411-2	先张法预应力钢绞线	kg		
411-3	先张法预应力钢筋	kg		
411-4	后张法预应力钢丝	kg	1.按图示两端锚具间的理论长度计算的预应力钢材质量,分不同材质以千克为单位计量; 2.除上述计算长度以外的锚固长度及工作长度的预应力钢材含入相应预应力钢材报价之中,不另行计量	1.制作安装预应力钢材; 2.制作安装管道; 3.安装锚具、锚板; 4.张拉; 5.压浆; 6.封锚头
411-5	后张法预应力钢绞线	kg		
411-6	后张法预应力钢筋	kg		
411-7	现浇预应力混凝土上部结构	m^3	1.依据图纸所示体积分不同强度等级以立方米为单位计量; 2.钢筋、钢材所占体积及单个面积在$0.03m^2$以内的孔洞不予扣除	1.平整场地; 2.搭拆工作平台;支架搭设、预压与拆除; 3.安拆模板; 4.混凝土配运料、拌和、运输、浇筑、养护; 5.施工缝、伸缩缝设置处理
411-8	预制预应力混凝土上部结构	m^3	1.依据图纸所示体积分不同强度等级以立方米为单位计量; 2.钢筋、钢材所占体积及单个面积在$0.03m^2$以内的孔洞不予扣除; 3.后张法预应力混凝土梁封端混凝土工程量列入本子目	1.搭拆工作平台; 2.安拆模板; 3.混凝土配运料、拌和、运输、浇筑、养护; 4.构件预制、运输、安装

第412节　预制构件的安装

本节包括预制构件的起吊、运输、装卸、储存和安装,其工作量在第410节及第411节计量,本节不另行计量。

第 413 节 砌石工程

本节工程量清单项目分项计量规则应按表 413 的规定执行。

表 413 砌 石 工 程

子目号	子 目 名 称	单位	工 程 量 计 量	工 程 内 容
413	砌石工程			
413-1	浆砌片石	m³	依据图纸所示位置及尺寸砌筑体积分不同砂浆强度等级以立方米为单位计量	1. 基础清理; 2. 基底检查; 3. 选修石料; 4. 铺筑基础垫层; 5. 搭、拆脚手架; 6. 配、拌、运砂浆; 7. 砌筑、勾缝、抹面、养护; 8. 沉降缝设置
413-2	浆砌块石	m³		
413-3	浆砌料石	m³		
413-4	浆砌预制混凝土块	m³		

第 414 节 小型钢构件

本节包括桥梁及其他公路构造物,除钢筋及预应力钢筋以外的小型钢构件的供应、制造、保护和安装。除另有说明外,本节工作内容均不作计量。

第 415 节 桥面铺装

本节工程量清单项目分项计量规则应按表 415 的规定执行。

表 415 桥 面 铺 装

子目号	子 目 名 称	单位	工 程 量 计 量	工 程 内 容
415	桥面铺装			
415-1	沥青混凝土桥面铺装	m³	依据图纸所示位置、尺寸,按照铺筑体积以立方米为单位计量	1. 清理下承层; 2. 拌和设备安装、调试、拆除; 3. 沥青混合料拌和、运输、摊铺、压实、成型; 4. 接缝; 5. 初期养护
415-2	水泥混凝土桥面铺装	m³	依据图纸所示位置、尺寸,分不同强度等级,按铺筑体积以立方米为单位计量	1. 场地清理; 2. 混凝土配运料、拌和、运输、浇筑、振捣、养护; 3. 施工缝、沉降缝设置处理
415-3	防水层			
-a	桥面混凝土表面处理	m²	按图示处理的桥面混凝土表面净面积以平方米为单位计量	1. 场地清理; 2. 混凝土面板铣刨(喷砂)拉毛; 3. 铣刨(喷砂)拉毛后清理、平整

续上表

子目号	子目名称	单位	工程量计量	工程内容
-b	铺设防水层	m²	依据图纸所示位置及尺寸,在桥面铺装前铺设防水材料,按图示铺装净面积分不同材质以平方米为单位计量	1. 场地清理; 2. 桥面清洁; 3. 铺装防水材料; 4. 安拆作业平台; 5. 安设排水设施
415-4	桥面排水			
-a	竖、横向集中排水管	kg 或 m	1. 依据图纸所示位置及尺寸,在桥面安设泄水孔,按图示数量分不同材质、管径计量;铸铁管、钢管以千克为单位计量;PVC 管以米为单位计量; 2. 接头、固定泄水管的金属构件不予计量。铸铁泄水孔作为附属工作,不另行计量	1. 场地清理; 2. 安拆作业平台; 3. 钻孔安设排水管锚固件; 4. 安设排水设施
-b	桥面边部碎石盲沟	m³	依据图纸所示位置、尺寸,按照盲沟体积以立方米为单位计量	1. 边部切割; 2. 清理; 3. 盲沟设置

表 416 节　桥梁支座

本节工程量清单项目分项计量规则应按表 416 的规定执行。

表 416　桥 梁 支 座

子目号	子目名称	单位	工程量计量	工程内容
416	桥梁支座			
416-1	板式橡胶支座	dm³	依据图纸所示位置及尺寸,安装图纸所示类型及规格板式橡胶支座就位,按图示体积,分不同的材质及形状以立方分米为单位计量	1. 清洁整平混凝土表面; 2. 砂浆配运料、拌和,接触面抹平; 3. 钢板制作与安装; 4. 支座定位安装
416-2	盆式支座	个	依据图纸所示位置及尺寸,安装图纸所示类型及规格盆式支座就位,按图示数量分不同型号、支座反力以个为单位计量	1. 清洁整平混凝土表面; 2. 砂浆配运料、拌和,接触面抹平; 3. 钢板制作与安装; 4. 吊装设备安拆; 5. 支座定位安装; 6. 支座焊接固定
416-3	隔震橡胶支座	个	依据图纸所示位置及尺寸,安装图纸所示类型及规格隔震橡胶支座就位,按图示数量分不同型号、支座反力以个为单位计量	1. 清洁整平混凝土表面; 2. 砂浆配运料、拌和,接触面抹平; 3. 钢板制作与安装; 4. 支座定位安装
416-4	球形支座	个	依据图纸所示位置及尺寸,安装图纸所示类型及规格球形支座就位,按图示数量分不同型号、支座反力以个为单位计量	1. 清洁整平混凝土表面; 2. 砂浆配运料、拌和,接触面抹平; 3. 钢板制作与安装; 4. 吊装设备安拆; 5. 支座定位安装; 6. 支座焊接固定

第 417 节　桥梁接缝和伸缩装置

本节工程量清单项目分项计量规则应按表 417 的规定执行。

表 417　桥梁接缝和伸缩装置

子目号	子目名称	单位	工程量计量	工程内容
417	桥梁接缝和伸缩装置			
417-1	橡胶伸缩装置	m	依据图纸所示位置及尺寸,按图示的橡胶条伸缩装置长度(包括人行道、缘石、护栏底座与行车道等全部长度)以米为单位计量	1. 切割清理伸缩装置范围内混凝土;设置预埋件; 2. 伸缩装置定位、安装
417-2	模数式伸缩装置	m	依据图纸所示位置及尺寸,安装图示类型和规格的模数式伸缩装置,按图示长度(包括人行道、缘石、护栏底座与行车道等全部长度),分不同伸缩量以米为单位计量	1. 切割清理伸缩装置范围内混凝土;设置预埋件; 2. 伸缩装置定位、安装; 3. 混凝土拌和、运输、浇筑、压纹、养护
417-3	梳齿板式伸缩装置	m	依据图纸所示位置及尺寸,按图示的梳齿板式伸缩装置长度(包括人行道、缘石、护栏底座与行车道等全部长度),分不同伸缩量以米为单位计量	1. 切割清理伸缩装置范围内混凝土;设置预埋件; 2. 伸缩装置定位、安装; 3. 混凝土拌和、运输、浇筑、压纹、养护
417-4	填充式材料伸缩装置	m	依据图纸所示位置及尺寸,按图示的填充式材料伸缩装置长度(包括人行道、缘石、护栏底座与行车道等全部长度),分不同材质以米为单位计量	1. 切割清理伸缩装置范围内混凝土; 2. 跨缝板安装; 3. 材料填充、养护

第 418 节　防水处理

本节包括混凝土和砌体表面的沥青或油毛毡防水层。本节工作内容均不作计量。

第 419 节　圆管涵及倒虹吸管涵

本节工程量清单项目分项计量规则应按表 419 的规定执行。

表419　圆管涵及倒虹吸管涵

子目号	子目名称	单位	工程量计量	工程内容
419	圆管涵及倒虹吸管涵			
419-1	单孔钢筋混凝土圆管涵	m	1.依据图纸所示，按不同孔径的涵身长度（进出口端墙外侧间距离）计算，以米为单位计量； 2.基底软基处理参照第205节的相关规定计量，并列入第205节相应子目	1.基坑排水； 2.挖基、基底清理； 3.基座砌筑或浇筑； 4.垫层材料铺筑； 5.钢筋制作安装； 6.预制或现浇钢筋混凝土管； 7.铺涂防水层； 8.安装、接缝； 9.砌筑进出口（端墙、翼墙、八字墙井口）； 10.防水、防冻、防腐措施； 11.回填
419-2	双孔钢筋混凝土圆管涵	m		
419-3	钢筋混凝土圆管倒虹吸管涵	m	1.依据图纸所示，按不同孔径的涵身长度（进出口端墙外侧间距离）计算，以米为单位计量； 2.基底软基处理参照第205节的相关规定计量，并列入第205节相应子目	1.基坑排水； 2.挖基、基底清理； 3.基座砌筑或浇筑； 4.垫层材料铺筑； 5.钢筋制作安装； 6.预制或现浇钢筋混凝土管； 7.铺涂防水层； 8.安装、接缝； 9.砌筑进出口（端墙、翼墙、八字墙井口）； 10.防水、防冻、防腐措施； 11.回填

第420节　盖板涵、箱涵

本节工程量清单项目分项计量规则应按表420的规定执行。

表420　盖板涵、箱涵

子目号	子目名称	单位	工程量计量	工程内容
420	盖板涵、箱涵			
420-1	钢筋混凝土盖板涵	m	1.依据图纸所示，按不同跨径的盖板涵长度以米为单位计量； 2.基底软基处理参照第205节的相关规定计量，并列入第205节相应子目	1.场地清理； 2.围堰、排水，基坑开挖，基坑支护； 3.基础及涵台施工； 4.施工缝设置、处理； 5.盖板预制、运输、安装； 6.砂浆制作、填缝； 7.防水、防冻、防腐措施； 8.回填

子目号	子目名称	单位	工程量计量	工程内容
420-2	钢筋混凝土箱涵	m	1.依据图纸所示,按不同跨径的箱涵长度以米为单位计量; 2.基底软基处理参照第205节的相关规定计量,并列入第205节相应子目	1.围堰、排水,基坑开挖; 2.垫层、基础施工; 3.搭拆作业平台; 4.模板安设、加固、检查; 5.钢筋安设、支承及固定; 6.混凝土配运料、拌和、运输、浇筑、养护; 7.施工缝设置、处理; 8.防水、防冻、防腐措施; 9.回填
420-3	钢筋混凝土盖板通道涵	m	1.依据图纸所示,按不同跨径的盖板通道涵长度以米为单位计量; 2.基底软基处理参照第205节的相关规定计量,并列入第205节相应子目	1.场地清理; 2.围堰、排水,基坑开挖,基坑支护; 3.基础及涵台施工; 4.施工缝设置、处理; 5.盖板预制、运输、安装; 6.砂浆制作、填缝; 7.铺设通道路面;砌筑边沟; 8.防水、防冻、防腐措施; 9.回填
420-4	钢筋混凝土箱形通道涵	m	1.依据图纸所示,按不同跨径的箱形通道涵长度计算以米为单位计量; 2.基底软基处理参照第205节的相关规定计量,并列入第205节相应子目	1.围堰、排水,基坑开挖; 2.垫层、基础施工; 3.搭拆作业平台; 4.模板安设、加固、检查; 5.钢筋安设、支承及固定; 6.混凝土配运料、拌和、运输、浇筑、养护; 7.施工缝设置、处理; 8.铺设通道路面;砌筑边沟; 9.防水、防冻、防腐措施; 10.回填

第421节　拱涵

本节工程量清单项目分项计量规则应按表421的规定执行。

表421　拱涵

子目号	子目名称	单位	工程量计量	工程内容
421	拱涵			
421-1	拱涵			
-a	石拱涵	m	1.依据图纸所示,按不同跨径的石拱涵长度以米为单位计量; 2.基底软基处理参照第205节的相关规定计量,并列入第205节相应子目	1.场地清理; 2.围堰、排水,基坑开挖,基坑支护; 3.基础及涵台施工; 4.搭拆作业平台; 5.安拆支架、拱盔; 6.选修石料,配砂浆; 7.砌筑; 8.勾缝、抹面、养护; 9.防水、防冻、防腐措施

续上表

子目号	子目名称	单位	工程量计量	工程内容
-b	混凝土拱涵	m	1. 依据图纸所示，按不同跨径的混凝土拱涵长度以米为单位计量； 2. 基底软基处理参照第 205 节的相关规定计量，并列入第 205 节相应子目	1. 场地清理； 2. 围堰、排水、基坑开挖，基坑支护； 3. 基础及涵台施工； 4. 搭拆作业平台； 5. 安拆支架、拱盔； 6. 配、拌、运混凝土、浇筑、养护； 7. 防水、防冻、防腐措施
421-2	拱形通道涵			
-a	石拱通道涵	m	1. 依据图纸所示，按不同跨径的石拱通道涵长度以米为单位计量； 2. 基底软基处理参照第 205 节的相关规定计量，并列入第 205 节相应子目	1. 场地清理； 2. 围堰、排水、基坑开挖，基坑支护； 3. 基础及涵台施工； 4. 搭拆作业平台； 5. 安拆支架、拱盔； 6. 选修石料，配砂浆； 7. 砌筑； 8. 勾缝、抹面、养护； 9. 铺设通道路面；砌筑边沟； 10. 防水、防冻、防腐措施
-b	混凝土拱通道涵	m	1. 依据图纸所示，按不同跨径的混凝土拱通道涵长度以米为单位计量； 2. 基底软基处理参照第 205 节的相关规定计量，并列入第 205 节相应子目	1. 场地清理； 2. 围堰、排水、基坑开挖，基坑支护； 3. 基础及涵台施工； 4. 搭拆作业平台； 5. 安拆支架、拱盔； 6. 配、拌、运混凝土、浇筑、养护； 7. 铺设通道路面；砌筑边沟； 8. 防水、防冻、防腐措施

第 500 章　隧　　道

第 501 节　通则

本节为隧道施工的材料、施工准备及施工的一般规定。本节工作内容均不作计量,其所涉及的作业应包含在与其相关工程子目之中。

第 502 节　洞口与明洞工程

本节工程量清单项目分项计量规则应按表 502 的规定执行。

表 502　洞口与明洞工程

子目号	子目名称	单位	工程量计量	工程内容
502	洞口与明洞工程			
502-1	洞口、明洞开挖	m³	依据设计图纸所示位置及尺寸,按图示开挖的体积,不分土、石的种类,只区分为土方和石方,以立方米为单位计量	1. 石方爆破; 2. 挖、装、运输、卸车; 3. 填料分理、弃土整型、压实; 4. 坡面临时支护及排水; 5. 坡面修整
502-2	防水与排水			
-a	石砌截水沟、排水沟	m³	依据图纸所示位置及尺寸,按图示砌体体积分不同砂浆强度等级以立方米为单位计量	1. 沟槽开挖; 2. 基底检查; 3. 铺设垫层; 4. 砂浆拌制; 5. 浆砌片石、勾缝、抹面、养护; 6. 回填; 7. 场地清理
-b	现浇混凝土沟槽	m³	依据图纸所示位置及尺寸,按图示混凝土体积分不同强度等级以立方米为单位计量	1. 沟槽开挖; 2. 基底检查; 3. 铺设垫层; 4. 模板制作、安装、拆除; 5. 混凝土拌和、运输、浇筑、养护; 6. 回填; 7. 场地清理
-c	预制安装混凝土沟槽	m³	依据图纸所示位置及尺寸,按图示预制安装混凝土体积分不同强度等级以立方米为单位计量	1. 沟槽开挖; 2. 基底检查; 3. 铺设垫层; 4. 预制场建设; 5. 混凝土沟槽预制、安装; 6. 回填; 7. 场地清理

子目号	子目名称	单位	工 程 量 计 量	工 程 内 容
-d	预制安装混凝土沟槽盖板	m³	依据图纸所示位置及尺寸,按图示预制安装混凝土体积分不同强度等级以立方米为单位计量	1.预制场建设; 2.混凝土沟槽盖板预制、安装; 3.回填
-e	土工合成材料	m²	1.依据图纸所示的位置及规格,按图示铺设的土工合成材料面积,分不同材质以平方米为单位计量; 2.接缝的重叠面积和边缘的包裹面积不予计量	1.场地清理; 2.土工合成材料铺设、固定; 3.接缝处理(搭接、缝接、粘接); 4.边缘处理
-f	渗沟	m³	依据设计图纸所示位置及尺寸,按图示渗沟体积以立方米为单位计量	1.开挖渗沟槽; 2.铺设土工材料; 3.铺设渗沟填料; 4.沟槽回填; 5.场地清理
-g	钢筋	kg	1.依据图纸所示及钢筋表所列钢筋质量以千克为单位计量; 2.固定钢筋的材料、定位架立钢筋、钢筋接头、吊装钢筋、钢板、铁丝作为钢筋作业的附属工作,不另行计量	1.钢筋的保护、储存及除锈; 2.钢筋整直、接头; 3.钢筋截断、弯曲; 4.钢筋安设、支承及固定
502-3	洞口坡面防护			
-a	浆砌片石护坡	m³	依据图纸所示位置及尺寸,按图示砌体体积分不同砂浆强度等级以立方米为单位计量	1.清理边坡,坡面夯实,基础开挖; 2.铺设垫层; 3.砌筑片石; 4.勾缝、抹面、养护; 5.回填
-b	现浇混凝土护坡	m³	依据图纸所示位置及尺寸,按图示混凝土体积分不同强度等级以立方米为单位计量	1.清理边坡,坡面夯实,基坑开挖; 2.模板制作、安装、拆除; 3.混凝土拌和、运输、浇筑、养护; 4.泄水孔及其滤水层、沉降缝设置; 5.回填
-c	预制安装混凝土护坡	m³	依据图纸所示位置及尺寸,按图示预制安装混凝土体积分不同强度等级以立方米为单位计量	1.清理边坡,坡面夯实,基坑开挖; 2.预制件的预制; 3.预制件安装; 4.回填; 5.清理现场
-d	喷射混凝土护坡	m³	依据图纸所示位置及尺寸,按图示喷射混凝土体积分不同强度等级以立方米为单位计量	1.岩面清理; 2.设备安装与拆除; 3.混凝土拌制; 4.喷射; 5.沉降缝设置; 6.养护

续上表

子目号	子目名称	单位	工程量计量	工程内容
-e	浆砌护面墙	m³	1. 依据图纸所示位置及尺寸,按图示砌体体积分不同砂浆强度等级以立方米为单位计量; 2. 不扣除沉降缝、泄水孔、预埋件所占体积	1. 基坑开挖、清理、平整、夯实; 2. 浆砌片(块)石,泄水孔及其滤水层; 3. 接缝处理; 4. 勾缝、抹面; 5. 墙背排水设施设置、填料分层填筑; 6. 清理、废方弃运
-f	现浇混凝土护面墙	m³	1. 依据图纸所示位置和断面尺寸,按图示不同强度等级混凝土体积以立方米为单位计量; 2. 不扣除沉降缝、泄水孔、预埋件所占体积	1. 场地清理; 2. 基坑开挖,地基平整夯实,废方弃运; 3. 边坡清理夯实; 4. 模板制作、安装、拆除; 5. 混凝土拌和、运输、浇筑、养护; 6. 泄水孔及其滤水层、沉降缝设置; 7. 墙背排水设施设置、填料分层填筑; 8. 清理现场
-g	混凝土挡土墙	m³	1. 依据图纸所示位置及尺寸,按图示混凝土体积分不同强度等级以立方米为单位计量; 2. 不扣除沉降缝、泄水孔、预埋件所占体积	1. 基坑开挖、清理、平整、夯实; 2. 模板制作、安装、拆除; 3. 混凝土拌和、运输、浇筑、养护; 4. 泄水孔及其滤水层、沉降缝设置; 5. 填料分层填筑; 6. 清理,弃方处理
-h	地表注浆	m³	依据设计图纸所示注浆量,按浆液体积分不同强度等级及材质以立方米为单位计量	1. 场地清理; 2. 钻孔; 3. 安装注浆管; 4. 安拆注浆机; 5. 浆液制备; 6. 注浆
-i	钢筋	kg	1. 依据图纸所示及钢筋表所列钢筋质量以千克为单位计量; 2. 固定钢筋的材料、定位架立钢筋、钢筋接头、吊装钢筋、钢板、铁丝作为钢筋作业的附属工作,不另行计量	1. 钢筋的保护、储存及除锈; 2. 钢筋整直、接头; 3. 钢筋截断、弯曲; 4. 钢筋安设、支承及固定
-j	锚杆	m	依据设计图纸所示位置及尺寸,按锚杆长度分不同直径以米为单位计量	1. 搭、拆、移作业平台; 2. 锚杆及附件制作、运输; 3. 布眼、钻孔、清孔; 4. 浆液制作、注浆; 5. 锚杆就位、顶进、锚固
-k	主动防护系统	m²	1. 依据图纸所示,按主动防护系统防护的坡面面积以平方米为单位计量; 2. 网片搭接部分作为附属工作,不另行计量	1. 坡面清理; 2. 脚手架安设、拆除、完工清理和保养; 3. 支撑绳穿绳、张拉、固定; 4. 挂网、网片连接、缝合、固定; 5. 钻孔、清孔、套管装拔,锚杆制作、安装、锚固、锚头处理; 6. 浆液制备、注浆、养护; 7. 网面调整

子目号	子目名称	单位	工程量计量	工程内容
-l	被动防护系统	m²	1. 依据图纸所示,按被动防护系统网面面积以平方米为单位计量; 2. 网片搭接部分作为附属工作,不另行计量	1. 坡面清理; 2. 基础及立柱施工; 3. 支撑绳穿绳、张拉、固定; 4. 挂网、网片连接、缝合、固定; 5. 钻孔、清孔、套管装拔,锚杆制作、安装、锚固、锚头处理; 6. 浆液制备、注浆、养护; 7. 网面调整
502-4	洞门建筑			
-a	现浇混凝土	m³	依据图纸所示位置及尺寸,按图示混凝土体积分不同强度等级以立方米为单位计量	1. 基坑开挖、清理、平整、夯实; 2. 模板制作、安装、拆除; 3. 混凝土拌和、运输、浇筑、养护; 4. 清理现场
-b	预制安装混凝土块	m³	依据图纸所示位置及尺寸,按图示预制安装混凝土体积分不同强度等级以立方米为单位计量	1. 基坑开挖、清理、平整、夯实; 2. 构件预制; 3. 预制件安装,设置泄水孔及其滤水层; 4. 接缝处理; 5. 勾缝、抹面; 6. 场地清理
-c	浆砌片粗料石(块石)	m³	依据图纸所示位置及尺寸,按图示砌体体积分不同砂浆强度等级以立方米为单位计量	1. 基坑开挖、清理、平整、夯实; 2. 砌筑,设置泄水孔及其滤水层; 3. 接缝处理; 4. 勾缝、抹面; 5. 场地清理
-d	洞门墙装修	m²	依据设计图纸所示位置及尺寸,按图示装修面积分不同的材质以平方米为单位计量	1. 搭拆作业平台; 2. 墙面拉毛、清洁、润湿; 3. 装修材料加工制作; 4. 配、拌、运砂浆及涂料; 5. 装修、养护; 6. 制作安装隧道铭牌; 7. 清理现场
-e	钢筋	kg	1. 依据图纸所示及钢筋表所列钢筋质量以千克为单位计量; 2. 固定钢筋的材料、定位架立钢筋、钢筋接头、吊装钢筋、钢板、铁丝作为钢筋作业的附属工作,不另行计量	1. 钢筋的保护、储存及除锈; 2. 钢筋整直、接头; 3. 钢筋截断、弯曲; 4. 钢筋安设、支承及固定
-f	隧道铭牌	处	依据设计图纸所示位置及规格,按图示每一洞口以处为单位计量	1. 搭拆作业平台; 2. 铭牌制作; 3. 铭牌安装

子目号	子目名称	单位	工程量计量	工程内容
502-5	明洞衬砌			
-a	现浇混凝土	m³	依据图纸所示位置及尺寸,按图示混凝土体积分不同强度等级以立方米为单位计量	1. 搭拆作业平台; 2. 模板制作、安装、拆除; 3. 混凝土拌和、运输、浇筑、养护; 4. 接缝处理; 5. 场地清理
-b	钢筋	kg	1. 依据图纸所示及钢筋表所列钢筋质量以千克为单位计量; 2. 固定钢筋的材料、定位架立钢筋、钢筋接头、吊装钢筋、钢板、铁丝作为钢筋作业的附属工作,不另行计量	1. 钢筋的保护、储存及除锈; 2. 钢筋整直、接头; 3. 钢筋截断、弯曲; 4. 钢筋安设、支承及固定
502-6	遮光棚(板)	m²	依据图纸所示位置及规格,按照不同材质棚板的面积以平方米为单位计量	1. 安装、拆除工作平台; 2. 支架设置; 3. 遮光棚(板)制作; 4. 遮光棚(板)安装
502-7	洞顶回填			
-a	防水层			
-a-1	黏土防水层	m³	依据图纸所示的位置及规格,按图示铺设的防水层体积,以立方米为单位计量	1. 场地清理; 2. 填筑; 3. 平整、夯实
-a-2	土工合成材料	m²	1. 依据图纸所示的位置及规格,按图示铺设的防水材料面积,分不同材质以平方米为单位计量; 2. 接缝的重叠面积和边缘的包裹面积不予计量	1. 场地清理; 2. 防水材料铺设、固定; 3. 接缝处理(搭接、缝接、粘接); 4. 边缘处理
-b	回填	m³	依据设计图纸所示的位置及尺寸,按图示回填体积,分不同材质以立方米为单位计量	1. 场地清理; 2. 填筑; 3. 平整、夯实

注:洞口坡面植物防护在第 700 章计量。

第 503 节 洞身开挖

本节工程量清单项目分项计量规则应按表 503 的规定执行。

表503 洞身开挖

子目号	子目名称	单位	工程量计量	工程内容
503	洞身开挖			
503-1	洞身开挖			
-a	洞身开挖(不含竖井、斜井)	m³	1. 依据图纸所示成洞断面(不计允许超挖值及预留变形量的设计净断面)计算开挖体积,不分围岩级别,只区分为土方和石方,以立方米为单位计量; 2. 含紧急停车带、车行横洞、人行横洞以及设备洞室的开挖	1. 钻孔爆破; 2. 风、水、电作业及通风防尘; 3. 粉尘、有害气体、可燃气体量测监控及防护; 4. 临时支护及临时防排水; 5. 装渣、运输、卸车; 6. 填料分理、弃土整型、压实
-b	竖井洞身开挖	m³	依据图纸所示成洞断面(不计允许超挖值及预留变形量的设计净断面)计算开挖体积,不分围岩级别,只区分为土方和石方,以立方米为单位计量	1. 钻孔爆破; 2. 风、水、电作业及通风防尘; 3. 粉尘、有害气体、可燃气体量测监控及防护; 4. 临时支护及临时防排水; 5. 装渣、运输、卸车; 6. 填料分理、弃土整型、压实
-c	斜井洞身开挖	m³	依据图纸所示成洞断面(不计允许超挖值及预留变形量的设计净断面)计算开挖体积,不分围岩级别,只区分为土方和石方,以立方米为单位计量	1. 钻孔爆破; 2. 风、水、电作业及通风防尘; 3. 粉尘、有害气体、可燃气体量测监控及防护; 4. 临时支护及临时防排水; 5. 装渣、运输、卸车; 6. 填料分理、弃土整型、压实
503-2	洞身支护			
-a	管棚支护			
-a-1	基础钢管桩	m	依据图纸所示位置和断面尺寸,按图示不同规格的钢管桩长度以米为单位计量	1. 场地清理; 2. 打桩机定位; 3. 沉管; 4. 混凝土(水泥浆)拌制; 5. 灌注混凝土(水泥浆); 6. 打桩机移位
-a-2	套拱混凝土	m³	依据图纸所示位置及尺寸,按图示混凝土体积分不同强度等级以立方米为单位计量	1. 场地清理; 2. 模板制作、安装、拆除; 3. 混凝土拌和、运输、浇筑、养护
-a-3	孔口管	m	依据设计图纸所示位置及尺寸,按钢管长度分不同的规格以米为单位计量	1. 场地清理; 2. 搭拆工作平台; 3. 布眼、钻孔、清孔; 4. 钢管制作、运输、就位、顶进

续上表

子目号	子目名称	单位	工程量计量	工程内容
-a-4	套拱钢架	kg	1. 依据设计图纸所示位置及尺寸,按钢材质量以千克为单位计量; 2. 钢架纵向连接钢筋作为附属工作,不另行计量; 3. 连接钢板、螺栓、螺母、拉杆、垫圈为套拱钢架的附属工作,均不另行计量	1. 场地清理; 2. 搭拆工作平台; 3. 钢架加工及安装; 4. 钢架安装; 5. 钢架固定
-a-5	钢筋	kg	1. 依据图纸所示及钢筋表所列钢筋质量以千克为单位计量; 2. 固定钢筋的材料、定位架立钢筋、钢筋接头、吊装钢筋、钢板、铁丝作为钢筋作业的附属工作,不另行计量	1. 钢筋的保护、储存及除锈; 2. 钢筋整直、接头; 3. 钢筋截断、弯曲; 4. 钢筋安设、支承及固定
-a-6	管棚	m	依据设计图纸所示位置及尺寸,按钢管长度分不同的规格以米为单位计量	1. 场地清理; 2. 搭拆工作平台; 3. 布眼、钻孔、清孔; 4. 钢管制作、运输、就位、顶进; 5. 浆液制作、注浆、检查、堵孔
-b	注浆小导管	m	依据设计图纸所示位置及尺寸,按钢管长度分不同的规格以米为单位计量	1. 场地清理; 2. 搭拆工作平台; 3. 布眼、钻孔、清孔; 4. 钢管制作、就位、顶进; 5. 浆液制作、注浆、检查、堵孔
-c	锚杆支护			
-c-1	砂浆锚杆	m	依据设计图纸所示位置及尺寸,按锚杆长度分不同直径以米为单位计量	1. 搭、拆、移作业平台; 2. 锚杆及附件制作、运输; 3. 布眼、钻孔、清孔; 4. 浆液制作、注浆; 5. 锚杆就位、顶进、锚固
-c-2	药包锚杆	m	依据设计图纸所示位置及尺寸,按锚杆长度分不同直径以米为单位计量	1. 搭、拆、移作业平台; 2. 锚杆及附件制作、运输; 3. 布眼、钻孔、清孔; 4. 药包浸泡及安装入孔; 5. 锚杆就位、顶进、锚固
-c-3	中空注浆锚杆	m	依据设计图纸所示位置及尺寸,按锚杆长度分不同直径以米为单位计量	1. 搭、拆、移作业平台; 2. 锚杆及附件制作、运输; 3. 布眼、钻孔、清孔; 4. 锚杆就位、顶进; 5. 浆液制作、注浆、锚固
-c-4	自进式锚杆	m	依据设计图纸所示位置及尺寸,按锚杆长度分不同直径以米为单位计量	1. 搭、拆、移作业平台; 2. 锚杆及附件制作、运输; 3. 锚杆就位、布眼、钻进; 4. 浆液制作、注浆、锚固

子目号	子目名称	单位	工程量计量	工程内容
-c-5	预应力锚杆	m	依据设计图纸所示位置及尺寸，按锚杆长度分不同直径以米为单位计量	1. 搭、拆、移作业平台； 2. 锚杆及附件制作、运输； 3. 布眼、钻孔、清孔； 4. 锚杆安装、就位； 5. 浆液制作、注浆； 6. 预应力张拉、锚固； 7. 二次注浆； 8. 封锚
-d	喷射混凝土支护			
-d-1	钢筋网	kg	1. 依据设计图纸所示位置及尺寸，按图示钢筋网质量以千克为单位计量； 2. 钢筋网锚固件为钢筋网的附属工作，不另行计量	1. 搭、拆、移作业平台； 2. 布眼、钻孔、清孔、安设锚固件； 3. 挂网、绑扎、焊接、加固
-d-2	喷射混凝土	m³	依据设计图纸所示位置及尺寸，按图示喷射混凝土体积，分不同强度等级以立方米为单位计量	1. 冲洗岩面； 2. 安、拆、移喷射设备； 3. 搭、拆、移作业平台； 4. 配、拌、运混凝土； 5. 上料、喷射、养护
-e	钢支架支护			
-e-1	型钢支架	kg	1. 依据设计图纸所示位置及尺寸，按型钢质量以千克为单位计量； 2. 型钢支架纵向连接钢筋作为附属工作，不另行计量； 3. 连接钢板、螺栓、螺母、拉杆、垫圈为型钢支架的附属工作，均不另行计量	1. 场地清理； 2. 搭拆工作平台； 3. 型钢支架加工； 4. 型钢支架成型； 5. 型钢支架修整、焊接； 6. 安装就位、紧固螺栓； 7. 型钢支架纵向连接
-e-2	钢筋格栅	kg	1. 依据设计图纸所示位置及尺寸，按钢筋质量以千克为单位计量； 2. 钢筋格栅纵向连接钢筋作为附属工作，不另行计量； 3. 连接钢板、螺栓、螺母、拉杆、垫圈为钢筋格栅的附属工作，均不另行计量	1. 场地清理； 2. 搭拆工作平台； 3. 钢筋格栅加工； 4. 钢筋格栅成型； 5. 钢筋格栅修整、焊接； 6. 安装就位、紧固螺栓； 7. 钢筋格栅纵向连接

第504节　洞身衬砌

本节工程量清单项目分项计量规则应按表504的规定执行。

表 504　洞 身 衬 砌

子目号	子目名称	单位	工程量计量	工程内容
504	洞身衬砌			
504-1	洞身衬砌			
-a	钢筋	kg	1. 依据图纸所示及钢筋表所列钢筋质量以千克为单位计量； 2. 固定钢筋的材料、定位架立钢筋、钢筋接头、吊装钢筋、钢板、铁丝作为钢筋作业的附属工作,不另行计量	1. 钢筋的保护、储存及除锈； 2. 钢筋整直、接头； 3. 钢筋截断、弯曲； 4. 钢筋安设、支承及固定
-b	现浇混凝土	m³	依据图纸所示位置及尺寸,按图示混凝土体积分不同强度等级以立方米为单位计量	1. 场地清理； 2. 基底检查； 3. 模板制作、安装、拆除； 4. 混凝土拌和、运输、浇筑、养护； 5. 设置施工缝、沉降缝
504-2	仰拱、铺底混凝土			
-a	现浇混凝土仰拱	m³	依据图纸所示位置及尺寸,按图示混凝土体积分不同强度等级以立方米为单位计量	1. 场地清理； 2. 基底检查； 3. 模板制作、安装、拆除； 4. 凝土拌和、运输、浇筑、养护； 5. 设置施工缝、沉降缝
-b	现浇混凝土仰拱回填	m³	依据图纸所示位置及尺寸,按图示混凝土体积分不同强度等级以立方米为单位计量	1. 场地清理； 2. 基底检查； 3. 凝土拌和、运输、浇筑、养护
504-3	边沟、电缆沟混凝土			
-a	现浇混凝土沟槽	m³	依据图纸所示位置及尺寸,按图示混凝土体积分不同强度等级以立方米为单位计量	1. 沟槽开挖； 2. 基底检查； 3. 模板制作、安装、拆除； 4. 混凝土拌和、运输、浇筑、养护； 5. 设置施工缝、沉降缝
-b	预制安装混凝土沟槽	m³	依据图纸所示位置及尺寸,按图示预制安装混凝土体积分不同强度等级以立方米为单位计量	1. 沟槽开挖； 2. 预制场地建设； 3. 模板制作、安装、拆除； 4. 构件预制； 5. 构件安装； 6. 设置施工缝、沉降缝
-c	预制安装混凝土沟槽盖板	m³	依据图纸所示位置及尺寸,按图示预制安装混凝土体积分不同强度等级以立方米为单位计量	1. 预制场地建设； 2. 模板制作、安装、拆除； 3. 构件预制、安装

子目号	子目名称	单位	工程量计量	工程内容
-d	钢筋	kg	1. 依据图纸所示及钢筋表所列钢筋质量以千克为单位计量； 2. 固定钢筋的材料、定位架立钢筋、钢筋接头、吊装钢筋、钢板、铁丝作为钢筋作业的附属工作，不另行计量	1. 钢筋的保护、储存及除锈； 2. 钢筋整直、接头； 3. 钢筋截断、弯曲； 4. 钢筋安设、支承及固定
-e	铸铁盖板	kg	按设计图纸所示位置及尺寸，按制作安设铸铁盖板的质量以千克为单位计量	1. 盖板的加工制作及防腐处理； 2. 盖板安装
504-4	洞室门	个	按设计图纸所示位置及尺寸，按安装就位的洞室门数量以个为单位计量	1. 洞室门制作； 2. 洞室门安装
504-5	洞内路面			
-a	钢筋	kg	1. 依据图纸所示及钢筋表所列钢筋质量以千克为单位计量； 2. 含拉杆、补强钢筋、传力杆； 3. 钢筋接头、铁丝作为钢筋作业的附属工作，不另行计量	1. 钢筋的保护、储存及除锈； 2. 钢筋整直、接头； 3. 钢筋截断、弯曲； 4. 钢筋安设、支承及固定
-b	现浇混凝土	m³	依据图纸所示位置及尺寸，按图示混凝土体积分不同强度等级以立方米为单位计量	1. 基底检查； 2. 模板制作、安装、拆除； 3. 混凝土拌和、运输、浇筑、养护； 4. 接缝处理

第 505 节　防水与排水

本节工程量清单项目分项计量规则应按表 505 的规定执行。

表 505　防 水 与 排 水

子目号	子目名称	单位	工程量计量	工程内容
505	防水与排水			
505-1	防水与排水			
-a	金属材料	kg	1. 依据图纸所示位置及规格，按金属材料的质量，分不同材质以千克为单位计量； 2. 接头、固定、定位材料作为附属工作，均不另行计量	1. 金属材料的保护、储存及除锈； 2. 材料加工、整直、截断、弯曲； 3. 接头； 4. 安设、支承及固定； 5. 盖板安设
-b	排水管			
-b-1	钢筋混凝土排水管	m	依据设计图纸所示位置，按图示排水管的长度，分不同管径以米为单位计量	1. 管材预制、运输； 2. 布管、接缝； 3. 回填； 4. 现场清理

续上表

子目号	子目名称	单位	工程量计量	工程内容
-b-2	PVC 排水管	m	依据设计图纸所示位置,按图示排水管的长度,分不同管径以米为单位计量	1. 场地清理; 2. 搭拆移作业平台; 3. 排水管制作; 4. 土工布包裹、绑扎; 5. 水管布设、连接; 6. 水管定位锚固
-b-3	U 形排水管	m	依据设计图纸所示位置,按图示排水管的长度,分不同规格以米为单位计量	1. 场地清理; 2. 搭拆移作业平台; 3. 排水管制作; 4. 土工布包裹、绑扎; 5. 水管布设、连接; 6. 水管定位锚固
-b-4	Ω 形排水管	m	依据设计图纸所示位置,按图示排水管的长度,分不同规格以米为单位计量	1. 场地清理; 2. 搭拆移作业平台; 3. 排水管制作; 4. 土工布包裹、绑扎; 5. 水管布设、连接; 6. 水管定位锚固
-c	防水板	m²	依据图纸所示位置及规格,按照铺设的不同材质防水板面积以平方米为单位计量	1. 场地清理; 2. 搭、拆、移作业平台; 3. 基面处理; 4. 下料、拼接就位、焊接拉紧、锚固
-d	止水带	m	依据图纸所示位置及规格,按照铺设的不同材质止水带长度以米为单位计量	1. 缝隙设置; 2. 固定架安装; 3. 止水带安装、拉紧、固定; 4. 接头粘接
-e	止水条	m	依据图纸所示位置及规格,按照铺设的不同型号止水条长度以米为单位计量	1. 预留槽设置; 2. 止水条安装; 3. 固定止水条; 4. 注浆
-f	涂料防水层	m²	依据图纸所示位置及涂料类型,按照不同厚度以平方米为单位计量	1. 场地清理; 2. 搭拆移作业平台; 3. 基面拉毛、清洗; 4. 涂料制作、运输; 5. 喷涂; 6. 移动作业平台
-g	注浆			
-g-1	水泥	t	依据设计图纸位置,按图示掺加的水泥质量,分不同强度等级以吨为单位计量	1. 场地清理; 2. 搭、拆、移作业平台; 3. 钻孔; 4. 顶进注浆钢管; 5. 配、拌、运浆液; 6. 压浆、堵孔

子目号	子目名称	单位	工程量计量	工 程 内 容
-g-2	水玻璃原液	m³	依据设计图纸位置,按图示掺加的水玻璃原液体积以立方米为单位计量	1.场地清理; 2.搭、拆、移作业平台; 3.钻孔; 4.顶进注浆钢管; 5.配、拌、运浆液; 6.压浆、堵孔
505-2	保温			
-a	保温层	m²	1.依据图纸所示位置、尺寸及保温材料类型,按图示保温层面积以平方米为单位计量; 2.保温板的重叠面积不予计量	1.选备保温板材(聚氨酯板等); 2.保温板下料、拼接、就位、焊接、拉紧、锚固
-b	洞口排水保温			
-b-1	洞口排水沟保温层	m²	1.依据图纸所示位置、尺寸及保温材料类型,按图示保温层面积以平方米为单位计量; 2.保温板的重叠面积不予计量	1.选备保温板材(聚氨酯板等); 2.保温板下料、拼接、就位、焊接、拉紧、锚固
-b-2	保温出水口暗管	m	依据图纸所示位置、材料、尺寸及埋设深度,按图示不同材料的保温出水口暗管长度以米为单位计量	1.场地清理; 2.开挖管沟; 3.边坡临时防护; 4.铺设垫层; 5.敷设排水管、连接、固定; 6.砌(浇)筑检查井; 7.回填土、覆盖表土护坡。
-b-3	保温出水口	处	依据图纸所示位置、结构、尺寸,分不同类型,按图示出水口形式以处为单位计量	1.铲除地表腐殖质及植物; 2.换填渗水性好的土壤; 3.铺设碎石垫层; 4.干砌、堆砌片石; 5.做流水陡坡; 6.出水口覆盖层护坡

第 506 节　洞内防火涂料和装饰工程

本节工程量清单项目分项计量规则应按表 506 的规定执行。

表 506　洞内防火涂料和装饰工程

子目号	子目名称	单位	工程量计量	工 程 内 容
506	洞内防火涂料和装饰工程			
506-1	洞内防火涂料	m²	依据设计图纸所示位置及尺寸,按图示面积分不同喷涂厚度以平方米为单位计量	1.场地清理; 2.搭、拆、移作业平台; 3.基面拉毛、清洗; 4.涂料制作; 5.喷涂

子目号	子目名称	单位	工程量计量	工程内容
506-2	洞内装饰工程			
-a	墙面装饰	m²	依据设计图纸所示位置及尺寸，按图示装饰面积分不同材质以平方米为单位计量	1. 场地清理； 2. 搭、拆、移作业平台； 3. 墙面拉毛、清洗； 4. 砂浆制作； 5. 镶贴装饰材料； 6. 抹平、养护
-b	喷涂混凝土专用漆	m²	依据设计图纸所示位置及尺寸，按图示面积以平方米为单位计量	1. 场地清理； 2. 搭、拆、移作业平台； 3. 基面拉毛、清洗； 4. 涂料制作； 5. 喷涂
-c	吊顶	m²	依据设计图纸所示位置及尺寸，按图示面积分不同材质以平方米为单位计量	1. 场地清理； 2. 搭、拆、移作业平台； 3. 吊顶骨架安设； 4. 吊顶板面安装

第507节　风水电作业及通风防尘

本节包括隧道施工中的供风、供水、供电、照明以及施工中的通风、防尘的作业。本节工作内容均不作计量。

第508节　监控量测

本节工程量清单项目分项计量规则应按表508的规定执行。

表508　监控量测

子目号	子目名称	单位	工程量计量	工程内容
508	监控量测			
508-1	监控量测			
-a	必测项目	总额	依据图纸所示及《公路隧道施工技术规范》(JTG F60—2009)规定的必测项目进行监控量测，以总额为单位计量	1. 选择量测仪器和元件； 2. 埋设测试元件； 3. 数据采集； 4. 数据分析； 5. 后续数据分析、处理
-b	选测项目	总额	依据图纸所示及《公路隧道施工技术规范》(JTG F60—2009)规定的选测项目进行监控量测，以总额为单位计量	1. 选择量测仪器和元件； 2. 埋设测试元件； 3. 数据采集； 4. 数据分析； 5. 后续数据分析、处理

第 509 节　特殊地质地段的施工与地质预报

本节工程量清单项目分项计量规则应按表 509 的规定执行。

表 509　特殊地质地段的施工与地质预报

子目号	子目名称	单位	工程量计量	工程内容
509	特殊地质地段的施工与地质预报			
509-1	地质预报	总额	依据需要预报的距离和内容,分不同的探测手段,以总额为单位计量	1.按地质预报需要采用合适的探测手段进行探测; 2.地质分析与推断; 3.预报结果及施工建议

第 510 节　洞内机电设施预埋件和消防设施

本节工程量清单项目分项计量规则应按表 510 的规定执行。

表 510　洞内机电设施预埋件和消防设施

子目号	子目名称	单位	工程量计量	工程内容
510	洞内机电设施预埋件和消防设施			
510-1	预埋件	kg	1.依据图纸所示位置和断面尺寸,按照材料表所列的金属结构预埋件质量以千克为单位计量; 2.金属结构接头、螺栓、螺母、垫片、固定及定位材料作为金属结构预埋件的附属工作,不另行计量; 3.非金属结构预埋件作为预埋件的附属工作,不另行计量	1.预埋件加工与涂装; 2.预埋件安装、固定; 3.工地涂装
510-2	消防设施			
-a	供水钢管（φ…mm）	m	1.依据图示要求材料、尺寸,按供水管管道中心线长度以米为单位计量; 2.不扣除阀门、管件及各种组件所占长度	1.管道定位,沟槽开挖、回填; 2.钢管制作加工、防腐、运输、装卸; 3.安装、就位、除锈、刷油、防腐; 4.接头接续,定位,固定; 5.管道吹扫,水压试验
-b	消防洞室防火门	套	1.依据图示要求,按满足设计功能要求的隧道消防洞室防火门数量以套为单位计量; 2.包含帘板、导轨、底座、电机,控制器、手动装置	1.按配置要求提交隧道消防洞室防火门(含附件); 2.防火门及附件搬运、就位; 3.钻孔、螺栓固定,电机测试,安装固定,校位; 4.电缆保护套安装固定; 5.电力电缆连接,控制电缆引出至电缆沟; 6.调试,指标测试

子目号	子目名称	单位	工程量计量	工程内容
-c	集水池	座	1.依据图示结构、尺寸,按钢筋混凝土集水池数量以座为单位计量; 2.包含池内检查梯,池顶棚,人孔盖	1.水池基础土石方开挖; 2.基坑临时支护,临时排水; 3.垫层铺筑、碾压; 4.模板、支架架设、拆除; 5.钢筋加工、安装; 6.混凝土制作浇筑; 7.检查梯制作安装,各管道、管件、仪表的安装配合; 8.堵洞,水池防渗处理; 9.基坑回填,现场清理,弃方处理
-d	蓄水池	座	依据图示结构、尺寸,按蓄水池数量以座为单位计量	1.基坑开挖,混凝土或砂浆制作; 2.基底垫层铺筑,施工排水; 3.模板安设浇筑混凝土或池体砌筑; 4.清理场地,基坑回填,弃方处理
-e	泵房	座	1.依据图示规格、功能,按水泵房建筑以座为单位计量; 2.包含泵房防雷接地	1.配置泵房全部结构、装饰; 2.配电、排水、各种预埋件; 3.场地硬化

第 600 章　安全设施及预埋管线

第 601 节　通则

本节为安全设施与预埋管线施工的一般要求。本节工作内容均不作计量,其所涉及的作业应包含在与其相关工程子目之中。

第 602 节　护栏

本节工程量清单项目分项计量规则应按表 602 的规定执行。

表 602　护　栏

子目号	子目名称	单位	工程量计量	工程内容
602	护栏			
602-1	混凝土护栏(护墙、立柱)			
-a	现浇混凝土护栏	m³	1. 依据图纸所示位置和断面尺寸,按图示浇筑的不同强度的混凝土体积以立方米为单位计量; 2. 不扣除混凝土沉降缝、泄水孔所占体积; 3. 桥上混凝土护栏(护墙、立柱)在 410-6 中计量	1. 基槽开挖; 2. 铺筑垫层; 3. 模板制作、安装、拆除; 4. 混凝土制作、运输、浇筑、养护; 5. 沉降缝、泄水孔预留、灌缝处理; 6. 基坑回填、夯实; 7. 清理,弃方处理
-b	预制安装混凝土护栏	m³	1. 依据图纸所示位置和断面尺寸,按图示预制并安装的不同强度等级的混凝土体积以立方米为单位计量; 2. 不扣除混凝土沉降缝、泄水孔和预埋件所占体积; 3. 桥上混凝土护栏(护墙、立柱)在 410-7 中计量	1. 混凝土护栏块预制、运输; 2. 基槽开挖; 3. 铺筑垫层; 4. 结合面凿毛; 5. 混凝土护栏块安装; 6. 接缝处理; 7. 基坑回填、夯实; 8. 清理,弃方处理
-c	现浇混凝土基础	m³	依据图纸所示位置和断面尺寸,按图示浇筑混凝土体积以立方米为单位计量	1. 基槽开挖、清理; 2. 模板制作、安装、拆除; 3. 混凝土拌制、运输、浇筑、养护; 4. 基坑回填、夯实; 5. 清理,弃方处理
-d	钢筋	kg	1. 依据图纸所示及钢筋表所列钢筋质量以千克为单位计量; 2. 固定钢筋的材料、定位架立钢筋、钢筋接头、吊装钢筋、钢板、铁丝作为钢筋作业的附属工作,不另行计量	1. 钢筋的保护、储存及除锈; 2. 钢筋整直、接头; 3. 钢筋截断、弯曲; 4. 钢筋安设、支承及固定

续上表

子目号	子目名称	单位	工程量计量	工程内容
602-2	石砌护墙	m³	1.依据图纸所示位置和断面尺寸,按图示各类石砌体积以立方米为单位计量; 2.不扣除砌体沉降缝、泄水孔所占体积	1.基槽开挖; 2.铺筑碎(砾)石垫层; 3.砂浆制作、运输,石料清洗,块石修面,砌体砌筑; 4.沉降缝、泄水孔预留,灌缝处理,勾缝抹面; 5.基坑回填,夯实; 6.清理,弃方处理
602-3	波形梁钢护栏			
-a	路侧波形梁钢护栏	m	依据图纸所示位置、防撞等级、构造形式代号,按图示长度以米为单位计量	1.基础施工(成孔、埋入或预埋套筒或预埋地脚螺栓等); 2.波形梁及其匹配件安装; 3.场地清理,弃方处理; 4.补涂防腐涂装
-b	中央分隔带波形梁钢护栏	m	依据图纸所示位置、防撞等级、构造形式代号,按图示长度(单柱)以米为单位计量	1.基础施工(成孔、埋入或预埋套筒或预埋地脚螺栓等); 2.波形梁及其匹配件安装; 3场地清理,弃方处理; 4.补涂防腐涂装
-c	波形梁钢护栏端头	个	1.依据图纸所示位置、断面尺寸,按图示各型号端头数量,以个为单位计量; 2.每个端头的长度为沿路线的长度,详见《公路交通安全设施设计细则》(JTG/T D81—2017)	1.基槽开挖; 2.混凝土制备、运输、埋设预埋件、浇筑、养护; 3.安装波形梁护栏端头; 4.场地清理,弃方处理; 5.补涂防腐涂装
602-4	缆索护栏			
-a	路侧缆索护栏	m	依据图纸所示位置和断面尺寸,分不同类型,按图示护栏长度以米为单位计量	1.基槽开挖; 2.基础施工; 3.缆索及各种匹配件安装; 4.张拉、固定; 5.场地清理,弃方处理; 6.补涂防腐涂装
-b	中央分隔带缆索护栏	m	依据图纸所示位置和断面尺寸,分不同类型,按图示护栏长度(单柱)以米为单位计量	1.基槽开挖; 2.基础施工; 3.立柱及支架设置; 4.缆索及各种匹配件安装; 5.张拉、固定; 6.场地清理,弃方处理; 7.补涂防腐涂装

子目号	子目名称	单位	工程量计量	工程内容
602-5	中央分隔带活动护栏			
-a	钢质插拔式	m	依据图纸所示位置和断面尺寸,按图示活动护栏长度以米为单位计量	1.基础开挖; 2.护栏固定型钢及插口型钢基槽埋设; 3.护栏及其匹配件连接,防盗和开启装置设施安装,表面反射体安装
-b	钢质伸缩式	m	依据图纸所示位置和断面尺寸,按图示活动护栏长度以米为单位计量	1.基础开挖; 2.护栏固定型钢基槽埋设; 3.护栏及其匹配件连接,防盗和开启装置设施安装,表面反射体安装
-c	钢管预应力索防撞活动护栏	m	依据图纸所示位置和断面尺寸,按图示活动护栏长度以米为单位计量	1.基础开挖; 2.导向板埋设,混凝土拌制、运输、浇筑、养护,基础回填夯实; 3.护栏单元框架及其匹配件安装,防盗和开启装置设施安装,表面反射体安装

第603节　隔离栅和防落物网

本节工程量清单项目分项计量规则应按表603的规定执行。

表603　隔离栅和防落物网

子目号	子目名称	单位	工程量计量	工程内容
603	隔离栅和防落物网			
603-1	钢板网隔离栅	m	1.依据图纸所示位置和断面尺寸,按图示钢板网隔离栅沿路线展开长度以米为单位计量; 2.不扣除钢管(型钢)所占沿路线长度,三角形起讫端按相应沿路线长度的1/2计量	1.沿路线清理,基槽开挖; 2.基础混凝土制作,运输,钢管(型钢)柱埋设,浇筑,振捣,养护,网框、网面安装,隔离栅门制作安装; 3.场地清理,基坑回填,弃方处理
603-2	编织网隔离栅	m	1.依据图纸所示位置和断面尺寸,按图示编织网隔离栅沿路线展开长度以米为单位计量; 2.不扣除钢管(型钢)所占沿路线长度,三角形起讫端按相应沿路线长度的1/2计量	1.沿路线清理,基槽开挖; 2.基础混凝土制作,运输,钢管(型钢)柱埋设,浇筑,振捣,养护,网框、网面安装,隔离栅门制作安装; 3.场地清理,基坑回填,弃方处理
603-3	焊接网隔离栅	m	1.依据图纸所示位置和断面尺寸,按图示电焊网隔离栅沿路线展开长度以米为单位计量; 2.不扣除钢管(型钢)所占沿路线长度,三角形起讫端按相应沿路线长度的1/2计量	1.沿路线清理,基槽开挖; 2.基础混凝土制作,运输,钢管(型钢)柱埋设,浇筑,振捣,养护,网框、网面安装,隔离栅门制作安装; 3.场地清理,基坑回填,弃方处理

续上表

子目号	子目名称	单位	工程量计量	工程内容
603-4	刺钢丝网隔离栅	m	1.依据图纸所示位置和断面尺寸,按图示刺铁丝网隔离栅沿路线展开长度以米为单位计量; 2.不扣除混凝土立柱所占沿路线长度,三角形起讫端按相应沿路线长度的1/2计量	1.沿路线清理,基槽开挖; 2.预制场平整、硬化,立柱钢筋(挂钩)制作安装,立柱混凝浇筑、养护; 3.基础混凝土制作,运输,立柱埋设,浇筑,振捣,养护,刺铁丝安装,隔离栅门制作安装; 4.场地清理,基坑回填,弃方处理
603-5	防落物网	m	1.按图纸设计以米为单位计量; 2.立柱、安装网片的支架,预埋件及紧固件、防雷接地等不另行计量	1.钢管(型钢)柱埋设、浇筑、养护; 2.网框、网面安装; 3.对防雷接地处理

注:隔离栅高度指隔离栅上缘网面至地表面的铅直距离。

第604节　道路交通标志

本节工程量清单项目分项计量规则应按表604的规定执行。

表604　道路交通标志

子目号	子目名称	单位	工程量计量	工程内容
604	道路交通标志			
604-1	单柱式交通标志	个	依据图纸所示位置和断面尺寸,分不同规格的标志板面,按安装就位的标志数量以个为单位计量	1.基槽开挖; 2.基础施工(钢筋与预埋件安装、混凝土浇筑等); 3.立柱、标志板及各种匹配件制作与安装; 4.清理,弃方处理
604-2	双柱式交通标志	个	依据图纸所示位置和断面尺寸,分不同规格的标志板面,按安装就位的标志数量以个为单位计量	1.基槽开挖; 2.基础施工(钢筋与预埋件安装、混凝土浇筑等); 3.立柱、标志板及各种匹配件制作与安装; 4.清理,弃方处理
604-3	三柱式交通标志	个	依据图纸所示位置和断面尺寸,分不同规格的标志板面,按安装就位的标志数量以个为单位计量	1.基槽开挖; 2.基础施工(钢筋与预埋件安装、混凝土浇筑等); 3.立柱、标志板及各种匹配件制作与安装; 4.清理,弃方处理

子目号	子目名称	单位	工程量计量	工程内容
604-4	门架式交通标志	个	依据图纸所示位置和断面尺寸，分不同规格的标志板面，按安装就位的标志数量以个为单位计量	1. 基槽开挖； 2. 基础施工（钢筋与预埋件安装、混凝土浇筑等）； 3. 门架构件、标志板及各种匹配件制作与安装； 4. 清理、弃方处理
604-5	单悬臂式交通标志	个	依据图纸所示位置和断面尺寸，分不同规格的标志板面，按安装就位的标志数量以个为单位计量	1. 基槽开挖； 2. 基础施工（钢筋与预埋件安装、混凝土浇筑等）； 3. 立柱、标志板及各种匹配件制作与安装； 4. 清理、弃方处理
604-6	双悬臂式交通标志	个	依据图纸所示位置和断面尺寸，分不同规格的标志板面，按安装就位的标志数量以个为单位计量	1. 基槽开挖； 2. 基础施工（钢筋与预埋件安装、混凝土浇筑等）； 3. 立柱、标志板及各种匹配件制作与安装； 4. 清理、弃方处理
604-7	附着式交通标志	个	依据图纸所示位置和断面尺寸，分不同规格的标志板面，按安装就位的标志数量以个为单位计量	1. 安设预埋件或连接件； 2. 立柱及板面制作与安装
604-8	里程碑	个	依据图纸所示位置和断面尺寸，按图示里程碑数量以个为单位计量	1. 基础施工或设置连接件； 2. 里程碑制作与安装
604-9	公路界碑	个	依据图纸所示位置和断面尺寸，按图示公路界碑数量以个为单位计量	1. 界碑制作； 2. 基槽开挖、基槽混凝土浇筑、界碑埋设； 3. 基坑回填、夯实； 4. 清理、弃方处理
604-10	百米桩	个	依据图纸所示位置和断面尺寸，分不同类型，按图示百米桩数量以个为单位计量	百米桩制作、安装
604-11	防撞桶	个	依据图纸所示位置和断面尺寸，按图示防撞桶数量以个为单位计量	防撞桶安设、表面粘贴反光膜
604-12	锥形桶	个	依据图纸所示位置和断面尺寸，按图示锥形桶数量以个为单位计量	锥形桶安设、表面粘贴反光膜
604-13	道路反光镜	个	依据图纸所示位置，分不同类型的反光镜数量，以个为单位计量	1. 基础施工； 2. 反光镜安装； 3. 场地清理

第605节　道路交通标线

本节工程量清单项目分项计量规则应按表605的规定执行。

表605　道路交通标线

子目号	子目名称	单位	工程量计量	工程内容
605	道路交通标线			
605-1	热熔型涂料路面标线	m²	依据图纸所示位置和断面尺寸,分不同类型,按图示标线面积以平方米为单位计量	1.路面清扫; 2.刮涂底油,涂料加热溶解,喷(刮)标线,撒布玻璃珠(反光标线),初期养护
605-2	溶剂型涂料路面标线	m²	依据图纸所示位置和断面尺寸,分不同类型,按图示标线面积以平方米为单位计量	1.路面清扫; 2.涂料拌和溶解,喷(刮)标线,撒布玻璃珠(反光标线),初期养护
605-3	预成型标线带	m²	依据图纸所示位置和断面尺寸,分不同类型,按图示标线面积以平方米为单位计量	1.路面清扫; 2.刮涂底油,粘贴标线,初期养护
605-4	突起路标	个	依据图纸所示位置,分不同类型,按图示突起路标数量以个为单位计量	1.路面清扫; 2.底胶调和,粘贴突起路标,初期养护
605-5	轮廓标	个	依据图纸所示位置,分不同类型,按图示轮廓标数量以个为单位计量	1.基础施工及连接件设置; 2.轮廓标安装; 3.发光型轮廓标调试
605-6	立面标记	处	依据图纸所示位置,按图示立面标记以处为单位计量	表面清理,刮(喷)涂
605-7	锥形路标	个	依据图纸所示位置,按图示锥形路标以个为单位计量	锥形路标制作与安装
605-8	减速带	m	依据图纸所示位置,按图示减速带长度以米为单位计量	1.钻孔及锚杆安设; 2.橡胶减速带安装
605-9	铲除原有路面标线	m²	依据图纸所示,按铲除的原有路面标线面积以平方米为单位计量	1.铲除原有标线; 2.清理现场

第606节　防眩设施

本节工程量清单项目分项计量规则应按表606的规定执行。

表606　防眩设施

子目号	子目名称	单位	工程量计量	工程内容
606	防眩设施			
606-1	防眩板	块	依据图纸所示位置和断面尺寸，分不同类型，按图示防眩板数量以块为单位计量	1.钻孔及螺栓安设； 2.支架安装； 3.防眩板安装，校位
606-2	防眩网	m	1.依据图纸所示位置和断面尺寸，分不同类型，按图示防眩网长度以米为单位计量； 2.不扣除立柱所占长度	1.钻孔及螺栓安设； 2.支架安装； 3.防眩网安装，校位

第607节　通信和电力管道与预埋（预留）基础

表607　通信和电力管道与预埋（预留）基础

子目号	子目名称	单位	工程量计量	工程内容
607	通信和电力管道与预埋（预留）基础			
607-1	人（手）孔	个	依据图纸所示位置和断面尺寸，按图示现浇混凝土人孔的数量以个为单位计量	1.基槽开挖； 2.铺筑碎（砾）石垫层，立模； 3.混凝土制作，运输，构造钢筋和穿钉、管道支架、拉力环的加工制作、装卸运输、预埋，浇筑，振捣，养护，拆模； 4.钢筋混凝土上腹盖板预制或现浇的全部工序，井孔口圈和井盖制作安装； 5.基坑回填，夯实； 6.清理，弃方处理
607-2	紧急电话平台	个	依据图纸所示位置和断面尺寸，按图示电话平台的数量以个为单位计量	1.基槽开挖； 2.浆砌片石基础调整，铺筑碎（砾）石垫层，立模； 3.混凝土制作，运输，钢管护栏加工制作、装卸运输、预埋，浇筑，振捣，接地母线预埋，养护，拆模； 4.基坑回填，夯实； 5.清理，弃方处理
607-3	管道工程	m	1.依据图纸所示位置和断面尺寸，分不同类型及规格，按图示铺设的管道长度以米为单位计量； 2.不扣除人孔、手孔所占长度	1.基槽开挖； 2.铺筑细粒土找平层； 3.硅芯管下料铺设，接头接续，定位，编码，包封，人孔和手孔封口，管口保护； 4.土体回填，夯实； 5.过桥管箱支架及管箱安装； 6.清理，弃方处理

第608节　收费设施及地下通道

本节工程量清单项目分项计量规则应按表608的规定执行。

表608　收费设施及地下通道

子目号	子目名称	单位	工程量计量	工程内容
608	收费设施及地下管道			
608-1	收费亭	个	依据设计图纸所示位置和尺寸,分不同类型,按图示材料材质制作安装收费亭数量,以个为单位计量	收费亭制作、防腐、粘贴反光标识、就位、固定
608-2	收费天棚	m²	依据图示位置和尺寸,按图示材料制作安装的收费天棚平面投影面积,以平方米为单位计量	1.基础施工; 2.立柱结构制作、架设; 3.天棚支撑系统结构制作、安装、固定; 4.刷防护油漆
608-3	收费岛	个	依据图纸所示位置和断面尺寸,分不同类型,按图示混凝土收费岛数量,以个为单位计量	1.模板制作、安装、拆除; 2.钢筋制作、安装; 3.混凝土拌和、运输、浇筑、养护; 4.涂料拌制、刮涂底油、喷(刮)标线、初期养护; 5.清理现场
608-4	地下通道	m	依据图纸所示位置和结构形式及断面尺寸,分不同类型,按地下通道中心量测的洞口间距离以米为单位计量	1.支架、模板制作、安装、拆除; 2.钢筋制作、安装; 3.混凝土拌和、运输、浇筑、养护; 4.预制梁板、运输、安装; 5.清理现场
608-5	预埋管线	m	依据图纸所示位置和断面尺寸,分不同类型,按图示预埋管线长度以米为单位计量	1.备管、运输; 2.基槽开挖、埋地管就位,穿放牵引铁丝,安装接续、焊缝防腐处理; 3.包封及进出口端封口处理; 4.基槽回填、夯实; 5.清理现场,弃方处理
608-6	架设管线	m	依据图纸所示位置和断面尺寸,分不同类型,按图示架设管线长度以米为单位计量	1.管线支架、运输、安装; 2.管线现场就位、安装、焊缝防腐处理; 3.进出口端封口处理

第700章　绿化及环境保护设施

第701节　通则

本节包括材料标准、绿化施工的一般要求。本节工作内容均不作计量,其所涉及的作业应包含在与其相关工程子目之中。

第702节　铺设表土

本节工程量清单项目分项计量规则应按表702的规定执行。

表702　铺设表土

子目号	子目名称	单位	工程量计量	工程内容
702	铺设表土			
702-1	开挖并铺设表土	m^3	依据图纸所示位置和断面尺寸,按开挖并铺设的种植土体积以立方米为单位计量	1.填前场地清理; 2.回填种植土、清除杂物、拍实、耙细整平、找坡、沉降后补填; 3.路面清洁保护,场地清理,废弃物装卸运输
702-2	铺设利用的表土	m^3	依据图纸所示位置和断面尺寸,按铺设利用的种植土体积以立方米为单位计量	1.填前场地清理; 2.回填种植土、清除杂物、拍实、耙细整平、找坡、沉降后补填; 3.路面清洁保护,场地清理,废弃物装卸运输

第703节　撒播草种和铺植草皮

本节工程量清单项目分项计量规则应按表703的规定执行。

表703　撒播草种和铺植草皮

子目号	子目名称	单位	工程量计量	工程内容
703	撒播草种和铺植草皮			
703-1	撒播草种(含喷播)	m^2	1.依据图纸所示位置,按图示种植的面积以平方米为单位计量; 2.扣除结构工程防护和密栽灌木所占面积,不扣除散栽苗木所占面积	1.场地清理,耙细; 2.种植及覆盖; 3.浇水、施肥、除虫、除杂草、修剪、补种; 4.清除垃圾、杂物

续上表

子目号	子目名称	单位	工程量计量	工程内容
703-2	撒播草种及花卉、灌木籽(含喷播)	m²	1.依据图纸所示位置,按图示种植的面积以平方米为单位计量; 2.扣除结构工程防护和密栽灌木所占面积,不扣除散栽苗木所占面积	1.场地清理,耙细; 2.种植及覆盖; 3.浇水、施肥、除虫、除杂草、修剪、补种; 4.清除垃圾、杂物
703-3	先点播灌木后喷播草种	m²	1.依据图纸所示位置,按图示种植的面积以平方米为单位计量; 2.扣除结构工程防护和密栽灌木所占面积,不扣除散栽苗木所占面积	1.场地清理,耙细; 2.挖坑穴(槽),灌木点播; 3.喷播草种,覆盖; 4.浇水、施肥、除虫、除杂草、修剪、补种; 5.清除垃圾、杂物
703-4	铺植草皮	m²	1.依据图纸所示位置,按图示种植的面积以平方米为单位计量; 2.扣除结构工程和密栽灌木所占面积,不扣除散栽苗木所占面积	1.场地清理,耙细; 2.铺植草皮; 3.浇水、施肥、除虫、除杂草、修剪、补种; 4.清除垃圾、杂物
703-5	三维土工网植草	m²	1.依据图纸所示位置,按图示种植的面积以平方米为单位计量; 2.扣除结构工程面积	1.地表整理、修整坡面; 2.铺设三维土工网及锚钉固定; 3.铺设表土; 4.喷播草种(灌木籽); 5.浇水、施肥、除虫、除杂草、修剪、补种; 6.清除垃圾、杂物
703-6	客土喷播	m²	依据图纸所示,按照客土喷播的面积以平方米为单位计量	1.坡面整理; 2.安设锚杆; 3.安设铁丝网(钢丝网); 4.绿化基材制备; 5.喷播绿化基材; 6.浇水、施肥、除虫、除杂草、修剪、补种; 7.清除垃圾、杂物
703-7	植生袋	m²	依据图纸所示位置,按铺设面积以平方米计算	1.清理坡面; 2.垫铺碎石; 3.安放植生袋; 4.浇水、施肥、除虫、除杂草、修剪、补种; 5.清除垃圾、杂物
703-8	绿地喷灌管道	m	依据图纸所示,按敷设的不同管径的管道长度以米为单位计量	1.开挖与回填; 2.管道敷设,管道连接,闸阀、洒水栓安装; 3.通水及洒水调试

第704节 种植乔木、灌木和攀缘植物

本节工程量清单项目分项计量规则应按表704的规定执行。

表704 种植乔木、灌木和攀缘植物

子目号	子目名称	单位	工程量计量	工程内容
704	种植乔木、灌木和攀缘植物			
704-1	人工种植乔木	棵	依据图纸所示位置,按图示种植的不同规格的各类乔木数量以棵为单位计量	1. 开挖种植穴（槽）； 2. 换填种植土； 3. 苗木栽植； 4. 支撑、浇水、施肥、除虫、除杂草、修剪、补种； 5. 场地清理,废弃物装卸运输
704-2	人工种植灌木	棵	依据图纸所示位置,按图示种植的不同规格的各类灌木数量以棵为单位计量	1. 开挖种植穴（槽）； 2. 换填种植土； 3. 苗木栽植； 4. 支撑、浇水、施肥、除虫、除杂草、修剪、补种； 5. 场地清理,废弃物装卸运输
704-3	人工种植攀缘植物	棵	依据图纸所示位置,按图示种植的不同规格的各类攀缘植物数量以棵为单位计量	1. 开挖种植穴（槽）； 2. 换填种植土； 3. 苗木栽植； 4. 支撑牵引、浇水、施肥、除虫、除杂草、修剪、补种； 5. 场地清理,废弃物装卸运输
704-4	人工种植竹类	棵	依据图纸所示位置,按图示种植的不同类型的竹母数量以棵为单位计量	1. 开挖种植穴（槽）； 2. 换填种植土； 3. 苗木栽植； 4. 支撑、浇水、施肥、除虫、除杂草、修剪、补种； 5. 场地清理,废弃物装卸运输

注:苗木计算应符合下列规定:
1. 胸径应为地表面向上1.2m处树干直径;
2. 冠径(冠幅)应为苗木冠丛垂直投影面的最大直径和最小直径之间的平均值;
3. 蓬径应为灌木、灌丛垂直投影面的直径;
4. 地径应为地表面向上0.1m高处树干直径;
5. 干径应为地表面向上0.3m高处树干直径;
6. 株高应为地表面至树顶端的高度;
7. 冠丛高应为地表面至乔(灌)木顶端的高度;
8. 篱高应为地表面至绿篱顶端的高度。

第705节　植物养护和管理

本节包括从绿化植物开始种植到工程缺陷责任期结束的养护和管理。本节工作含入绿化植物种植的相关子目中均不另行计量。

第706节　声屏障

本节工程量清单项目分项计量规则应按表706的规定执行。

表706　声　屏　障

子目号	子目名称	单位	工程量计量	工程内容
706	声屏障			
706-1	吸、隔声板声屏障	m	依据图纸所示位置和断面尺寸,分不同类型,按图示吸、隔声板声屏障的长度以米为单位计量	1. 场地清理; 2. 基础施工; 3. 声屏障制作; 4. 声屏障安装
706-2	吸声砖声屏障	m³	1. 依据图纸所示位置和断面尺寸,分不同类型,按图示吸声砖的体积以立方米为单位计量; 2. 基础作为附属工作,不另行计量	1. 场地清理; 2. 基础施工; 3. 吸声砖砌筑; 4. 压顶; 5. 装饰装修
706-3	砖墙声屏障	m³	1. 依据图纸所示位置和断面尺寸,分不同类型,按图示砖墙的体积以立方米为单位计量; 2. 基础作为附属工作,不另行计量	1. 场地清理; 2. 基础施工; 3. 砖墙砌筑; 4. 压顶; 5. 装饰装修

公路工程现行标准、规范、规程、指南一览表

（2018 年 1 月）

序号	类别	编　　号	书名（书号）	定价（元）
1	基础	JTG 1001—2017	公路工程标准体系(14300)	20.00
2		JTG A02—2013	公路工程行业标准制修订管理导则(10544)	15.00
3		JTG A04—2013	公路工程标准编写导则(10538)	20.00
4		JTJ 002—87	公路工程名词术语(0346)	22.00
5		JTJ 003—86	公路自然区划标准(0348)	16.00
6		JTG B01—2014	★公路工程技术标准(活页夹版,11814)	98.00
7		JTG B01—2014	★公路工程技术标准(平装版,11829)	68.00
8		JTG B02—2013	公路工程抗震规范(11120)	45.00
9		JTG/T B02-01—2008	公路桥梁抗震设计细则(13318)	45.00
10		JTG B03—2006	公路建设项目环境影响评价规范(13373)	40.00
11		JTG B04—2010	公路环境保护设计规范(08473)	28.00
12		JTG B05—2015	★公路项目安全性评价规范(12806)	45.00
13		JTG B05-01—2013	公路护栏安全性能评价标准(10992)	30.00
14		JTG B06—2007	公路工程基本建设项目概算预算编制办法(06903)	26.00
15		JTG/T B06-01—2007	★公路工程概算定额(06901)	110.00
16		JTG/T B06-02—2007	★公路工程预算定额(06902)	138.00
17		JTG/T B06-03—2007	★公路工程机械台班费用定额(06900)	24.00
18		交通部定额站 2009 版	公路工程施工定额(07864)	78.00
19		JTG/T B07-01—2006	公路工程混凝土结构防腐蚀技术规范(13592)	30.00
20		JTG/T 6303.1—2017	收费公路移动支付技术规范　第一册　停车移动支付(14380)	20.00
21		交通运输部2015 年第 40 号	★收费公路联网收费多义性路径识别技术要求(12484)	40.00
22		JTG B10-01—2014	公路电子不停车收费联网运营和服务规范(11566)	30.00
23		交通运输部 2011 年	公路工程项目建设用地指标(09402)	36.00
24	勘测	JTG C10—2007	★公路勘测规范(06570)	40.00
25		JTG/T C10—2007	★公路勘测细则(06572)	42.00
26		JTG C20—2011	公路工程地质勘察规范(09507)	65.00
27		JTG/T C21-01—2005	公路工程地质遥感勘察规范(0839)	17.00
28		JTG/T C21-02—2014	公路工程卫星图像测绘技术规程(11540)	25.00
29		JTG/T C22—2009	公路工程物探规程(1311)	28.00
30		JTG C30—2015	★公路工程水文勘测设计规范(12063)	70.00
31	设计 / 公路	JTG D20—2017	公路路线设计规范(14301)	80.00
32		JTG/T D21—2014	公路立体交叉设计细则(11761)	60.00
33		JTG D30—2015	★公路路基设计规范(12147)	98.00
34		JTG/T D31—2008	沙漠地区公路设计与施工指南(1206)	32.00
35		JTG/T D31-02—2013	★公路软土地基路堤设计与施工技术细则(10449)	40.00
36		JTG/T D31-03—2011	★采空区公路设计与施工技术细则(09181)	40.00
37		JTG/T D31-04—2012	多年冻土地区公路设计与施工技术细则(10260)	40.00
38		JTG/T D31-05—2017	黄土地区公路路基设计与施工技术规范(13994)	50.00
39		JTG/T D31-06—2017	季节性冻土地区公路设计与施工技术规范(13981)	45.00
40		JTG/T D32—2012	★公路土工合成材料应用技术规范(09908)	50.00
41		JTG D40—2011	★公路水泥混凝土路面设计规范(09463)	40.00
42		JTG D50—2017	★公路沥青路面设计规范(13760)	50.00
43		JTG/T D33—2012	公路排水设计规范(10337)	40.00
44	桥隧	JTG D60—2015	★公路桥涵设计通用规范(12506)	40.00
45		JTG/T D60-01—2004	公路桥梁抗风设计规范(13804)	40.00
46		JTG D61—2005	公路圬工桥涵设计规范(13355)	30.00
47		JTG D62—2004	公路钢筋混凝土及预应力混凝土桥涵设计规范(05052)	48.00
48		JTG D63—2007	公路桥涵地基与基础设计规范(06892)	48.00
49		JTG D64—2015	★公路钢结构桥梁设计规范(12507)	80.00
50		JTG D64-01—2015	公路钢混组合桥梁设计与施工规范(12682)	45.00
51		JTG/T D65-01—2007	公路斜拉桥设计细则(1125)	28.00
52		JTG/T D65-04—2007	公路涵洞设计细则(06628)	26.00
53		JTG/T D65-05—2015	公路悬索桥设计规范(12674)	55.00
54		JTG/T D65-06—2015	公路钢管混凝土拱桥设计规范(12514)	40.00
55		JTG D70—2004	公路隧道设计规范(05180)	50.00
56		JTG/T D70—2010	★公路隧道设计细则(08478)	66.00
57		JTG D70/2—2014	公路隧道设计规范　第二册　交通工程与附属设施(11543)	50.00

序号	类别		编　号	书名（书号）	定价（元）
58	设计	桥隧	JTG/T D70/2-01—2014	公路隧道照明设计细则（11541）	35.00
59			JTG/T D70/2-02—2014	公路隧道通风设计细则（11546）	70.00
60		交通工程	JTG D80—2006	高速公路交通工程及沿线设施设计通用规范（0998）	25.00
61			JTG D81—2017	公路交通安全设施设计规范（14395）	60.00
62			JTG/T D81—2017	公路交通安全设施设计细则（14396）	90.00
63			JTG D82—2009	公路交通标志和标线设置规范（07947）	116.00
64		综合	交办公路〔2017〕167 号	国家公路网交通标志调整工作技术指南（14379）	80.00
65			交公路发〔2007〕358 号	公路工程基本建设项目设计文件编制办法（06746）	26.00
66			交公路发〔2015〕69 号	公路工程特殊结构桥梁项目设计文件编制办法（12455）	30.00
67	检测		JTG E20—2011	公路工程沥青及沥青混合料试验规程（09468）	106.00
68			JTG E30—2005	公路工程水泥及水泥混凝土试验规程（13319）	55.00
69			JTG E40—2007	★公路土工试验规程（06794）	90.00
70			JTG E41—2005	公路工程岩石试验规程（13351）	30.00
71			JTG E42—2005	公路工程集料试验规程（13353）	50.00
72			JTG E50—2006	★公路工程土工合成材料试验规程（13398）	40.00
73			JTG E51—2009	公路工程无机结合料稳定材料试验规程（08046）	60.00
74			JTG E60—2008	公路路基路面现场测试规程（07296）	50.00
75			JTG/T E61—2014	公路路面技术状况自动化检测规程（11830）	25.00
76	施工	公路	JTG F10—2006	公路路基施工技术规范（06221）	50.00
77			JTG/T F20—2015	★公路路面基层施工技术细则（12367）	45.00
78			JTG/T F30—2014	公路水泥混凝土路面施工技术细则（11244）	60.00
79			JTG/T F31—2014	公路水泥混凝土路面再生利用技术细则（11360）	30.00
80			JTG F40—2004	★公路沥青路面施工技术规范（05328）	50.00
81			JTG F41—2008	公路沥青路面再生技术规范（07105）	40.00
82		桥隧	JTG/T F50—2011	★公路桥涵施工技术规范（09224）	110.00
83			JTG/T F81-01—2004	公路工程基桩动测技术规程（14068）	30.00
84			JTG F60—2009	公路隧道施工技术规范（07992）	55.00
85			JTG/T F60—2009	公路隧道施工技术细则（07991）	70.00
86		交通	JTG F71—2006	★公路交通安全设施施工技术规范（13397）	30.00
87			JTG/T F72—2011	公路隧道交通工程与附属设施施工技术规范（09509）	35.00
88	质检安全		JTG F80/1—2017	公路工程质量检验评定标准　第一册　土建工程（14472）	90.00
89			JTG F80/2—2004	公路工程质量检验评定标准　第二册　机电工程（05325）	40.00
90			JTG G10—2016	公路工程施工监理规范（13275）	40.00
91			JTG F90—2015	★公路工程施工安全技术规范（12138）	68.00
92	养护管理		JTG H10—2009	公路养护技术规范（08071）	60.00
93			JTJ 073.1—2001	公路水泥混凝土路面养护技术规范（13658）	20.00
94			JTJ 073.2—2001	公路沥青路面养护技术规范（13677）	20.00
95			JTG H11—2004	公路桥涵养护规范（05025）	40.00
96			JTG H12—2015	公路隧道养护技术规范（12062）	60.00
97			JTG H20—2007	公路技术状况评定标准（13399）	25.00
98			JTG/T H21—2011	★公路桥梁技术状况评定标准（09324）	46.00
99			JTG H30—2015	公路养护安全作业规程（12234）	90.00
100			JTG H40—2002	公路养护工程预算编制导则（0641）	9.00
101	加固设计与施工		JTG/T J21—2011	公路桥梁承载能力检测评定规程（09480）	20.00
102			JTG/T J21-01—2015	公路桥梁荷载试验规程（12751）	40.00
103			JTG/T J22—2008	公路桥梁加固设计规范（07380）	52.00
104			JTG/T J23—2008	公路桥梁加固施工技术规范（07378）	40.00
105	改扩建		JTG/T L11—2014	高速公路改扩建设计细则（11998）	45.00
106			JTG/T L80—2014	高速公路改扩建交通工程及沿线设施设计细则（11999）	30.00
107	造价		JTG 3810—2017	公路工程建设项目造价文件管理导则（14473）	50.00
108			JTG M20—2011	公路工程基本建设项目投资估算编制办法（09557）	30.00
109			JTG/T M21—2011	公路工程估算指标（09531）	110.00
110			JTG/T M72-01—2017	公路隧道养护工程预算定额（14189）	60.00
1	技术指南		交公便字〔2006〕02 号	公路工程水泥混凝土外加剂与掺合料应用技术指南（0925）	50.00
2			交公便字〔2009〕145 号	公路交通标志和标线设置手册（07990）	165.00

注：JTG——公路工程行业标准体系；JTG/T——公路工程行业推荐性标准体系；JTJ——仍在执行的公路工程原行业标准体系。
　　批发业务电话：010-59757973；零售业务电话：010-85285659（北京）；网上书店电话：010-59757908；业务咨询电话：010-85285922。